GOLDMANN
ARKANA

*Buch*

Was gibt es Schöneres auf der Welt, als glücklich verheiratet zu sein? Allen schwindelerregenden Scheidungsraten zum Trotz stellt Giulio Cesare Giacobbes viertes Buch ein humorvolles Plädoyer für die Ehe dar. Ohne eine Spur von Betulichkeit oder Moralpredigten philosophiert er leichtfüßig über das Heiraten und präsentiert sein persönliches Erfolgsrezept: Eine glückliche Ehe ist wie ein gut gemixter Cocktail.

Fünf Grundzutaten braucht es laut Giacobbe für den »Caffè del Nonno« (ein italienischer Cocktail), damit die Chemie zwischen den Partnern stimmt: Leidenschaft, Dialogfähigkeit sowie Zärtlichkeit; außerdem bedarf es einer gewissen Reife (Verantwortungsbewusstsein, auch im Hinblick auf Nachwuchs) und vor allen Dingen der Liebe (Romantik, Selbstliebe und Nächstenliebe), der wichtigsten Ingredienz für eine glückliche Ehe. Über alle Zutaten wird hier sinniert, räsoniert. Giacobbes äußerst unterhaltsamer und doch geistreicher Leitfaden richtet sich an alle, die sich »trauen«; aber auch an diejenigen, die schon verheiratet sind und eine neue Rezeptur probieren möchten, damit der Cocktail Ehe ein lebenslanger, anregender Genuss bleibt.

*Autor*

Giulio Cesare Giacobbe hat Philosophie und Psychologie studiert. Nach einer Ausbildung zum Psychotherapeuten lehrt er heute Psychologische Grundlagen der therapeutischen Techniken Asiens an der Universität von Genua.

*Weitere Titel von Giulio Cesare Giacobbe bei Arkana:*

Wie Sie Ihre Hirnwichserei abstellen (21716)
Wie Sie ein schönes, reiches Miststück werden (21799)
Zum Buddha werden in 5 Wochen (21777)

GIULIO CESARE GIACOBBE

# Wie Sie sich glücklich verheiraten und es ein Leben lang bleiben

Aus dem Italienischen
von Julia Eisele

GOLDMANN
ARKANA

Die italienische Originalausgabe
erschien 2007 unter dem Titel
»Come fare un matrimonio felice che dura tutta la vita«
bei Arnoldo Mondadori Editore S.p.A., Milano.

www.giuliocesaregiacobbe.org

FSC
Mix
Produktgruppe aus vorbildlich
bewirtschafteten Wäldern und
anderen kontrollierten Herkünften

Zert.-Nr. SGS-COC-1940
www.fsc.org


Verlagsgruppe Random House FSC-DEU-0100
Das FSC-zertifizierte Papier *München Super* für Taschenbücher
aus dem Goldmann Verlag liefert Mochenwangen Papier.

1. Auflage
Deutsche Erstausgabe Dezember 2008

Umschlaggestaltung: Design Team München
Umschlagmotiv: Daniele Melani
Redaktion: Gerhard Juckoff
SB · Herstellung: CZ
Satz: KompetenzCenter, Mönchengladbach
Druck und Bindung: GGP Media GmbH, Pößneck
Printed in Germany
ISBN: 978-3-442-21856-1

www.arkana-verlag.de

*Für Eralda,*
*die mich immer geliebt und ertragen hat*
*und die ich immer nur geliebt habe,*
*weil sie so wundervoll ist,*
*dass ich bei ihr nichts zu ertragen hatte.*

# Inhalt

# Vorwort

Dieses Buch ist in erster Linie den Frauen gewidmet.
Oder sagen wir es rundheraus: Es ist ausschließlich den Frauen gewidmet.
Schluss mit der Heuchelei, dem ewigen »Liebe Leserin/lieber Leser« aus meinen früheren Büchern! Soll der »liebe Leser« zum Teufel gehen!
Die »lieben Leser« bilden sowieso nur einen Anteil von zwanzig Prozent der lesenden Gesamtheit.
Warum sollte ich für Männer schreiben, wenn es sowieso die Frauen sind, die lesen? Und, hier kann ich es ein für alle Mal sagen: Wenn sie auch die Intelligenteren sind?
Denn es sind ja sie diejenigen, die lesen. Und sind die Leute, die lesen, vielleicht nicht die intelligenteren?
Wenn sich ein überdurchschnittlich intelligenter Mann an das Abenteuer wagt, dieses Buch zu lesen, umso besser für ihn!
Vielleicht erfährt er Dinge über die Frauen, von denen er noch nichts wusste.

Dabei ist es allerdings wahrscheinlicher, dass er Dinge über sich selbst erfährt, von denen er noch nichts wusste.
Das könnte ihn ein bisschen deprimieren.
Den Frauen hingegen macht es viel Freude, die Schwächen der Männer zu entdecken. Es deprimiert sie nicht, es begeistert sie.
In diesem Sinn versteht sich dieses Buch, wie auch schon mein voriges, als *Antidepressivum für Frauen*.
Außerdem geht es hier um die Ehe!
Ich glaube, es gibt kein interessanteres Thema für Frauen als die Ehe.
Sie reden andauernd darüber.
Bevor sie heiraten, versteht sich.

# Die Ehe

Eine glückliche Ehe ist das Schönste, was einem Menschen widerfahren kann.
Sie ist die wundervollste, fantastischste Erfahrung, die wir im Leben machen können.
Sie ist das Paradies auf Erden.
Sie ist vollkommene Freude und vollendetes Glück.
Sie bedeutet Sinnenfreuden und ein glückliches Gefühlsleben.
Sie ist die Freude, nach einem Tag des Kampfes mit der Welt draußen nach Hause zu kommen und ein behagliches Heim voller Wärme und Liebe vorzufinden.
Sie ist das Glück, den geliebten Menschen in die Arme zu schließen und vor Zuneigung überfließend an sein Herz zu drücken.
Sie ist das sichere Gefühl, einen Menschen, oder besser mehrere Menschen, an seiner Seite zu haben, die einen ein Leben lang lieben, egal, was passiert, und egal, was wir tun.
Sie ist die Freude, einem kleinen, eingeschworenen Kreis

von Menschen anzugehören, der es mit der ganzen Welt aufnehmen kann.

Sie ist eine fantastische Sache. Es gibt nur ein kleines Problem: Sie ist widernatürlich.

Nicht nur die glückliche Ehe ist widernatürlich. Das weiß ja jeder.

Die Ehe als solche ist widernatürlich. Die Biologie bestätigt das.

In der Natur gibt es tatsächlich keinen einzigen Fall von monogamer Ehe unter den Säugetieren.

Das natürliche Paarungsverhalten der Säugetiere ist die *Polygamie*.

Alle Säugetiere, von den Hirschen zu den Walrossen, von den Kaninchen zu den Elefanten, von den Mäusen zu den Pferden, sind in Gruppen organisiert.

Die Gruppe ist zusammengesetzt aus Weibchen, Jungen und einem Leittier.

Das Leittier befruchtet systematisch und kontinuierlich alle Weibchen der Gruppe, je nach dem jeweiligen Paarungszyklus.

Die Natur hat befunden, dass dies das effektivste System ist, um das Bestehen der Art zu sichern: die Polygamie. Des Männchens, versteht sich.

Die Weibchen paaren sich nämlich normalerweise nur mit dem männlichen Leittier.

Das Weibchen scheint also von Natur aus monogam zu sein.

In Wirklichkeit aber, wie wir im Folgenden sehen werden, ist dem ganz und gar nicht so.

»Und die anderen Männchen?«, werden Sie sich fragen.

Sobald der männliche Nachwuchs geschlechtsreif ist, jagt das Leittier ihn weg.

Also bilden sich Gruppen von Männchen, die ihr Leben damit verbringen, die Leittiere zum Duell herauszufordern, um ihnen ihren Harem abzuknöpfen.

Ganz so dramatisch ist die Sache aber nicht, weil die Natur es so eingerichtet hat, dass viel mehr Weibchen als Männchen geboren werden und es daher mehr Harems gibt als Junggesellenclubs.

Wenn das Leittier es nicht mehr schafft, sich zu verteidigen, wird es von einem jüngeren Männchen ersetzt.

»Wer nicht zum König taugt, taugt ebenso wenig für die Königin«, lautet ein piemontesisches Sprichwort.

Das alte Leittier geht, und das neue erfüllt dessen eheliche Pflichten.

Dies ist ein klarer Fall von sexuellem Partnerwechsel. Und alle sind zufrieden. Außer dem Ex-Leittier natürlich.

Die Weibchen hingegen sind sehr zufrieden. Sie gehen von einem Ehemann zum nächsten.

Ist das etwa nicht auch ein polygames Prinzip, auch für die Frauen?

Ganz zu schweigen davon, dass Übergriffe der Junggesellen auf die Haremstiere zur Tagesordnung gehören. Oder

besser, zur Nachtordnung. Und sich viele der Weibchen mit den nächtlichen Angreifern paaren.
Das Leittier schafft es nämlich nicht, sie alle im Zaum zu halten. Auch es muss mal schlafen, oder nicht?
Die Polygamie ist folglich das natürliche Paarungsverhalten der Säugetiere. Wie auch der menschlichen Rasse.
Tatsächlich wird die Polygamie in der ganzen Welt praktiziert. In den islamischen Ländern ganz offiziell.
Offen, wenn auch nicht offiziell, von den Südamerikanern, den Afrikanern und den Asiaten. Die alle mehrere Familien haben.
Ein Sohn hier, eine Tochter da, eine Frau hier, ein Ehemann da.
In Europa und Nordamerika heimlich. Sonst wären wir längst ausgestorben.
Sicher, es gibt auch Leute, die die Monogamie praktizieren. Also die Einehe.
Aber die sind eine Minderheit. Eine heldenhafte Minderheit.
Vor allem sind es Europäer und Nordamerikaner.
Und Italiener.
Was an und für sich ja lobenswert ist, aber dazu führt, dass sie bald aussterben werden.
Schon heute machen die Europäer nur noch zehn Prozent der Weltbevölkerung aus.
Auf den Kontinenten, wo Polygamie die Regel ist, wächst die Bevölkerung hingegen.

Und zwar in beunruhigenden Ausmaßen.
Viele kommen von dort nach Europa und Nordamerika, um sich fortzupflanzen, was die Sache wieder ein bisschen ausgleicht.
Der europäische und nordamerikanische Bevölkerungsschwund und der damit einhergehende wachsende Lebensstandard haben die Massenimmigration aus der Dritten Welt nach Europa und Nordamerika sogar erst ausgelöst.
Insofern wäre es keine schlechte Idee, die Ehe auch in den anderen Ländern einzuführen.
Die monogame Ehe ist eine Erfindung der christlichen Kirche.
Die Ehe der Heiden vor der Entstehung der christlichen Kirche war polygam und nicht monogam.
Der Besitz eines Harems aus Sklaven und Sklavinnen war in der griechischen und römischen Ära die Norm.
Noch im 19. Jahrhundert wurden Bilder gemalt, auf denen kleine Negerlein den Damen Luft zufächern (und sicher auch für andere kleine Dienste zur Verfügung standen), und zwar sowohl in Europa wie auch in Amerika.
In der Antike war die Ehe nichts als ein Notbehelf, um den Fortbestand der Sippe und das Erbe zu sichern.
Aber dann stellte sich heraus, dass die außerehelich Geborenen einfach überhandnahmen.
Daraufhin hat die christliche Kirche die monogame Ehe erfunden.

Meiner Meinung nach sollte die Menschheit der christlichen Kirche dafür dankbar sein.
Zunächst einmal setzt sie der Geburtenrate natürliche Grenzen und führt so zu einem höheren Lebensstandard.
Und dann ist die monogame Ehe, wenn sie denn funktioniert, wie ich schon gesagt habe, die höchste Entfaltung des Menschseins.
Die Tatsache, dass die Menschheit sich undankbar zeigt, indem sie sie nicht systematisch und universell praktiziert, tut der Großartigkeit dieser Erfindung keinen Abbruch.
Und wenn sie schon widernatürlich ist, Leute, was ist sie für eine Genugtuung!
Schließlich liegt eine große Genugtuung darin, sich entgegen der Natur zu verhalten.
Außerdem macht die Hochzeitsfeier Spaß. Und Flitterwochen machen auch Spaß.
Und dann macht es Spaß, Kinder in die Welt zu setzen, in dem Wissen, dass es wirklich die eigenen sind und man mit ihnen machen kann, was man will.
Wenn man will, kann man sie sogar umbringen. Auf legale Weise, versteht sich. Indem man sie zum Beispiel zu Trotteln fürs Leben macht.
Dafür reicht es aus, sie zu Hause festzuhalten, bis sie endgültig die Fähigkeit verloren haben, auch alleine zu überleben.
Und schließlich macht es Spaß, sich scheiden zu lassen. Vielleicht sogar noch mehr, als zu heiraten.

Das ist wie mit Booten.

Bei Booten gibt es zwei wunderbare Momente: einen, wenn man sie kauft. Und einen noch wunderbareren, wenn man sie wieder verkauft.

Die ursprüngliche Idee der Ehe hingegen sieht vor, dass sie endgültig ist.

Das ist, wie ein Boot zu kaufen und es ein Leben lang zu behalten.

Auch wenn man feststellt, dass es langsam zerfällt und an allen Seiten leckt.

Sie können den anderen nicht einfach rausschmeißen, wenn er stinkt oder schnarcht oder in der Nase bohrt.

Die Ehe muss man ernst nehmen!

Die Frauen, die bekanntlich schlauer sind als die Männer, haben sie gleich ernst genommen.

Nach fünf Millionen Jahren sexueller Freiheit haben zweitausend Jahre Ehe ausgereicht, dass sie sich berechtigt fühlten, von ihren Männern absolute Treue zu verlangen.

Dementsprechend sind die Frauen auch die überzeugteren Verfechterinnen der Ehe.

Dieselben Männer hingegen, die die christliche Kirche gegründet und die Ehe erfunden haben, sind nicht so wahnsinnig von ihr überzeugt.

Deshalb unterlaufen sie sie ja auch.

Aber die Frauen nicht. O nein, sie nehmen sie ernst! Und sie lassen nicht locker.

Sie wollen sie. Und sie geben vor, treu zu sein.

Das ist ein echtes Problem.
Denn die Realität ist nicht die monogame Ehe, sondern die Polygamie.
Auch wir Christen praktizieren die Polygamie.
Das wissen alle. Selbst die Frauen.
Nur dass wir es heimlich tun.
Die Muslime sagen: Wir sind ehrlicher, wir tun es offen.
Meiner Meinung nach ziehen sie damit den Kürzeren – wie immer, wenn man ehrlich ist.
Denn ihre sogenannte Polygamie ist auf sehr wenige Frauen begrenzt.
Höchstens zwei. Oft sogar nur eine einzige.
Nicht, weil sie nicht mehr wollten, sondern weil sie sich nicht mehr leisten können.
Und der Koran sagt, man darf so viele Frauen haben, wie man will, solange man auch für sie sorgen kann.
Wir Christen hingegen unterliegen keinen Begrenzungen.
Wir müssen nicht einmal für sie alle sorgen. Normalerweise nur für eine.
Nur die Reichen sorgen für ihre Geliebten.
Die Armen nur für die Ehefrau (manchmal noch nicht einmal das).
Aber es steht nirgends geschrieben, dass eine bestimmte Zahl an Geliebten nicht überschritten werden dürfte.
Es ist wundervoll.
Wir können unsere Frauen betrügen, mit wem wir wollen und sooft wir wollen.

Denn offiziell tun wir es mit niemandem.
Fantastisch!
Das Gleiche gilt natürlich für die Frauen.
Die nicht streng monogam sind, wie man gemeinhin glaubt.
Die Monogamie ist in der Tat keine typisch weibliche Eigenschaft, sondern eine typisch kindliche.
Es ist das Kind, das die Treue braucht.
Denn es ist von der ständigen Anwesenheit von jemandem abhängig, der ihm seine Aufmerksamkeit und seine Unterstützung schenkt, einem Elternteil.
Der Erwachsene ist von Natur aus polygam, unabhängig vom Geschlecht.
Das hat die Natur so eingerichtet.
Ich weiß, dass Sie das aufregt, aber so ist es nun mal.
Und wenn es Sie aufregt, bedeutet das, dass Sie noch ein kleines Mädchen sind.
Dafür kann ich nichts.
Seien Sie jetzt nicht sauer auf mich, weil ich Ihnen das sage.
Warum sollten Sie sauer sein?
Sind Sie auch auf den Wetterfrosch sauer, wenn er Regen vorhersagt?
Es stimmt schon: Wir Christen finden die Polygamie skandalös und verwerflich.
Jedenfalls offiziell.
Wir bestehen auf der Ehe.
Dabei ist sie Sache der Vögel.

Die Ehe unter Vögeln ist tatsächlich eine natürliche Angelegenheit.

Treue ist für die Vögel die Regel.

Den Vögeln erscheint es wirklich normal, wenn der Mann bei vierzig Grad minus über einen Monat lang mit einem Ei zwischen den Füßen unbeweglich an einem Fleck bleibt und darauf wartet, dass seine Frau vom Einkaufen zurückkommt.

Die Frauen finden das selbstverständlich *absolut* normal.

Auch weil sie es ganz natürlich finden, viel Zeit beim Einkaufen zu verbringen.

Sie sind sogar überzeugt, dass die Vögel weiter entwickelt sind als die Säugetiere.

Auch wenn die Evolutionstheorie das Gegenteil sagt.

Aber wen kümmert die Evolutionstheorie?

Die hat schließlich ein Mann erfunden!

Die Frauen sind felsenfest davon überzeugt, dass die Vögel höher entwickelt sind als wir.

Die Geschichte mit den Pinguinen trägt natürlich maßgeblich dazu bei, dass sie so überzeugt von der Ehe sind.

Und außerdem hatten die Frauen, wie man weiß, immer schon eine Vorliebe für Vögel.

Merkwürdigerweise verabscheuen sie aber Schlangen.

Es stimmt, dass Vögel fliegen können (und das scheint alles zu erklären), aber im Grunde sind sie auch nichts anderes als Schlangen mit Flügeln (wenn man mal von den Federn absieht).

Egal, den Frauen gefällt die Vogel-Ehe.
Besonders, wenn es sich um eine glückliche Ehe handelt.
Und warum sollte man ihnen das zum Vorwurf machen?
Wenn eine glückliche Ehe auch noch von Kindern gekrönt ist, dann ist das der Gipfel des menschlichen Glücks.
Es ist das Glück zu wissen: Gleich, welchen Affronts man in der Welt ausgesetzt ist, gleich, welchen Beleidigungen, gleich, welchen Schmähungen, gleich, welchen Verletzungen, zu Hause erwartet einen die Familie.
Wo man bedingungslos und ohne Vorbehalt geliebt wird.
Wo man geschätzt und geachtet wird, egal, was man tut.
Und wenn es das Allerdümmste oder Beklagenswerteste ist.
Auch wenn man ein Vollidiot ist.
Die feuchten Augen der Kinder (und ja, warum nicht, auch des Ehemanns oder der Ehefrau) schauen in totaler Bewunderung zu einem auf ...
und erinnern einen nicht nur an die eines Foxterriers, der dankbar ist, dass man ihn gesund und heil von einer Fuchsjagd mit nach Hause gebracht hat ...,
sondern auch an die von Pater Pio durch ein Wunder Geheilten.
*Nach* der Wunderheilung, versteht sich.
Welch absolute Wohltat.
Welch unermessliche Freude.
Welch unvergleichliches Glück.
Aber es gibt einen Trick.

Wirklich!
Und der wäre?
In der Familie sind wir *Götter*.
Die Familie ist die stärkste Rüstung, mit der wir unser Ich ausstatten können.
Abgesehen von der, die uns der Schöpfer selbst bereitstellt.
Tatsächlich haben nur die Gläubigen das Glück, die wirksamste Rüstung zu tragen, die es gibt.
Denn sie haben eine Familie, in der das Leittier niemand Geringerer als der Schöpfer persönlich ist.
Und wer treibt es mit Ihm?!
In erster Linie die Nonnen.
Die Nonnen sind die einzigen menschlichen Wesen, die eine garantiert glückliche Familie haben.
Die Frauen haben es ja sowieso immer am besten. Selbst unter den Gläubigen.
Schließlich sind sie mit Jesus verheiratet.
Und die armen Priester, mit wem sind die verheiratet?
Mit der Madonna?
Ausgeschlossen.
Es ist schon Blasphemie, nur daran zu denken.
Die Mutter Jesu!
Also?
Die Armen. Priester haben keine Familie.
Sie sind die Söhne des Herrn, und damit basta.
Aber wer kriegt Ihn je zu Gesicht?
Er lässt sich nie blicken. Wie alle Männer.

Die Priester sind praktisch ohne Mama und ohne Papa.
Ausgesetzte Waisenkinder.
Auf dem Kirchplatz immerhin.
Aber die Nonnen nicht.
Die Nonnen haben eine Familie. Und was für eine.
Sie sind die Ehefrauen, Jesus der Ehemann, und alle anderen ihre Kinder.
Über die Kinder müssen sie sich manchmal ärgern, aber mit dem Ehemann gibt es nie Streit.
Wie könnte man sich auch mit Jesus streiten?
Das wäre so, wie auf das Rote Kreuz zu schießen.
Er hat sowieso schon so viele Probleme zu bewältigen, den Verrat, das Todesurteil, die Kreuzigung, das Martyrium und den ganzen Rest.
Wollen wir ihm noch mehr Sorgen bereiten?
Das hätten wir alle gern - eine Ehe, wie die Nonnen sie führen!
Eine glückliche Ehe, die ein Leben lang hält!
Eine glückliche Ehe ist das Sanatorium unseres Geistes, die Krankenschwester unseres Herzens und die Apotheke unseres Körpers.
Sie ist das Paradies und das irdische Ziel unserer Seele.
Sie ist unsere Freude und unser Glück.
Sie ist *unser* Rückzugsort, *unsere* soziale Heimat, *unsere* Nation, *unser* Territorium, *unser* Land, *unsere* Welt!
Sie ist unser Fluchtpunkt und unsere Burg. Solide, sicher, selbstgenügsam.

Unser Schutzwall, unsere Palisade, unsere Festung gegen alle Gefahren und Angriffe der Welt.
Sie ist unsere höchste Vollendung. Besonders für die Frauen.
Alle Bilder von Hochzeiten, selbst die in der Werbung, sind Hymnen an die Ehe aus weiblicher Sicht.
Das Hochzeitskleid, die kirchliche Zeremonie, die Hochzeitsliste, der Empfang, sogar der Blumenschmuck und die Wahl der Hochzeitsgäste, all dies ist der Tradition gemäß ausschließlich Sache der Frau.
Oder haben Sie schon mal einen Spot gesehen, in dem *er* Maß für seinen Anzug nimmt, die Geschenke auswählt, die Blumen bestellt oder die Einladungsliste schreibt?
Es ist *sie*, die man in Fernseh- und Kinospots ihr Kleid anprobieren sieht.
Es ist *sie*, die man die Details bestimmen und die Choreografie festlegen sieht.
Es ist *sie*, die man mit den Freundinnen und (manchmal auch) mit der Mutter planen sieht.
So etwas hat man noch nie mit einem Mann in Szene gesetzt gesehen.
Der in dieser Angelegenheit sowieso höchstens die Rolle eines Komparsen innehat.
Und tatsächlich verschwindet er ja auch meistens früher oder später.
Aber es ist richtig, dass sich vor allem die Frauen für die Ehe interessieren.

Denn es sind die Frauen, die die Familie gedeihen lassen.
Materiell.
Die Männer finden die Ehe nicht sehr verlockend.
Sie lassen sich von den Frauen dazu verlocken.
Und wie die sich anstrengen!
Sie sind hinter einem her, als wäre man ein Felsbrocken, den sie einen Berg hochrollen müssen.
Nur damit er dann wieder herunterrollt und verschwindet!
Die Ehe ist eine Kreation der Frauen.
Jawohl, die Ehe wurde in Wirklichkeit von den Frauen erfunden.
Offiziell war es die christliche Kirche – also die Männer.
Aber in Wirklichkeit waren es die Frauen.
Jeder weiß, dass zu Zeiten der ersten christlichen Kirche, also der byzantinischen, hinter Kaiser Justinian die Königin Theodora stand.
Deren Name, wie der Teufel so will, »Geschenk Gottes« bedeutet.
Eine Anspielung auf die Ehe, versteht sich.
Sie hat alles arrangiert.
Sie hat die Ehe erfunden. Die streng monogame Ehe. Die Vogel-Ehe.
Sie hatte nämlich die Nase voll davon, betrogen zu werden.
Was Justinian ausgiebig tat.
Mit der Einführung der Ehe wurde der Betrug offiziell verurteilt.
Das mag widernatürlich sein, aber auch der Eiffelturm

und das Gebäude der Vereinten Nationen sind widernatürlich.
Und stehen trotzdem stramm wie eine Eins.
Sich glücklich verheiraten und es ein Leben lang bleiben!
Das ist der Gipfel des Glücks!
Es wird schwierig, aber ich werde mein Bestes geben, um zu zeigen, dass es möglich ist.
Sich glücklich verheiraten und es ein ganzes Leben bleiben!
Wie geil!
Wenn ich es nicht schaffe, dass Sie sich glücklich verheiraten und es ein Leben lang bleiben, oder besser, wenn *Sie* es trotz meiner Ratschläge nicht schaffen, sich glücklich zu verheiraten und es ein Leben lang zu bleiben, dann ist das nicht meine Schuld.
Aber Ihre auch nicht.
Sondern natürlich *seine*.
Weil jedermann weiß, dass es immer die Schuld des Mannes ist, wenn eine Ehe scheitert.
Wenn die Ehe, wie es häufig passiert, eine unglückliche wird.
Also eine normale Ehe.
Aber was ist eine unglückliche Ehe?
Sehen wir uns das einmal an.

# Die unglückliche Ehe

Es wird Ihnen seltsam vorkommen, dass in einem Buch über die glückliche Ehe gleich am Anfang über die unglückliche Ehe gesprochen wird.
Nun ja, dies ist ja auch ein seltsames Buch.
Ein Buch, das von der glücklichen Ehe handelt, ist zwangsläufig ein seltsames Buch.
Aus dem einfachen Grund, dass eine glückliche Ehe etwas Seltsames ist.
Es ist aber nicht seltsam, vor der glücklichen Ehe über die unglückliche zu sprechen.
Weil niemand weiß, was eine glückliche Ehe eigentlich ist.
Was eine unglückliche Ehe ist, das wissen aber fast alle.
Die, die wissen, was eine unglückliche Ehe ist, sind jedenfalls bei Weitem in der Überzahl gegenüber denen, die wissen, was eine glückliche Ehe ist.
Also fangen wir damit an, etwas zu klären, was alle wissen.

Was eine unglückliche Ehe ist.
Denn so können wir anschließend herausfinden, was eine glückliche Ehe sein könnte.
Nämlich genau das Gegenteil, klar.
Es gibt wirklich eine ganze Menge Leute, die nicht wissen, was eine glückliche Ehe ist.
Es gibt aber auch eine Menge Leute, die noch nicht einmal die blasseste Ahnung davon haben, was die Ehe überhaupt ist.
Sie kennen sie nur vom Hörensagen.
Und haben sich eine mystische Vorstellung davon gemacht.
Normalerweise fällt die mystische Vorstellung von der Ehe mit der von einer glücklichen zusammen.
Nichts könnte verkehrter sein.
Die glückliche Ehe ist statistisch gesehen eine Ausnahme.
Wie ein Albino-Panther oder ein Kalb mit zwei Köpfen.
Die sehr viel weiter verbreitete Ehe ist die unglückliche.
Die unglückliche Ehe ist sogar der Normalfall.
Also müssen wir mit ihr anfangen.
Denn nur wenn wir begreifen, was eine unglückliche Ehe ist, können wir in der Folge verstehen, was eine glückliche Ehe ist.
Es ist eine Tatsache, dass sich die meisten (vielleicht so gut wie alle) unglücklichen Ehen als glückliche tarnen.
Weil die Leute sich schämen zu zeigen, dass ihre Ehe gescheitert ist.

Das ist wie zuzugeben, dass man Läuse hat.
Also tut man vor den anderen so, als sei alles Friede, Freude, Eierkuchen.
Aber kaum ist man wieder zu Hause, geht es von Neuem los mit den mürrischen Gesichtern und den Gemeinheiten.
Was also ist eine unglückliche Ehe?
Es ist die, in der man keinen Sex mehr hat.
Es ist die, in der man sich nicht mehr den Hof macht.
Es ist die, in der man keinen Respekt mehr voreinander hat.
Es ist die, in der man nicht mehr glücklich darüber ist, mit dem anderen zusammen zu sein.
Es ist die, in der man sich nicht einmal mehr einen Gutenachtkuss gibt und jeder sich auf seine Seite dreht.
Es ist die, in der tagelang geschmollt wird, wochenlang, manchmal sogar monate- oder gar jahrelang.
Es ist die, in der man es nicht erwarten kann, dass der andere aus dem Haus geht oder dass man selbst aus dem Haus geht.
Es ist die, in der einem alles oder fast alles auf die Nerven geht, was der andere tut.
Es ist die, in der es uns so vorkommt, als rede der andere nur noch Blödsinn.
Es ist die, in der es uns auf die Nerven geht, wenn der andere stinkt, furzt, in der Nase bohrt oder schnarcht.
Es ist die, in der uns plötzlich auffällt, wie reizend eine

andere Person ist, und wir uns dabei ertappen, dass wir davon träumen, mit ihr zu leben.
Es ist die, in der sich gegenseitig wehzutun die einzige Form der Kommunikation geworden ist.
Es ist die, in der gar nicht mehr kommuniziert wird, nicht einmal mehr, indem man sich gegenseitig wehtut.
Die unglückliche Ehe ist das größtmögliche menschliche Elend.
Dennoch ist es die unglückliche Ehe, die von der christlichen Kirche gefördert werden müsste.
Mehr als die glückliche.
Weil sie eine Sache zweifelsfrei beweist, an der der Kirche sehr viel liegt.
Dass die Hölle existiert. Und auch der Teufel. Der natürlich immer der *andere* ist.
Die Kirche fördert die Ehe nur deshalb nicht, weil das gar nicht nötig ist.
Wir denken schon selbst daran, sie zu fördern.
Indem wir zu schnell heiraten.
So wie man ins Kino geht oder zu einem Fußballspiel.
Nur dass die Ehe länger dauert als zwei Stunden.
Sie dauert manchmal zwei Jahre.
Häufig sogar länger.
Manchmal dauert sie sogar zehn Jahre oder zwanzig.
Manchmal dauert sie auch ein Leben lang.
Tatsächlich dauert die unglückliche Ehe genauso lang wie die glückliche.

Sie ist nur sehr viel häufiger.
Oft bereitet einer glücklichen Ehe der Tod des Ehepartners ein jähes Ende.
Der unglücklichen nicht.
Sie ist unglaublich widerstandsfähig.
Sie hört nie auf.
Sie führt zur Zermürbung beider, ist aber resistent und verbreitet sich wie eine Erkältung.
Sie ist sogar noch weiter verbreitet als Letztere.
Und braucht deutlich länger, um überwunden zu werden.
Meist kommt man gar nicht gegen sie an.
Aber warum um Himmels willen dauert die unglückliche Ehe so lange?
Einfach, weil man nicht den Mut hat, sie zu beenden.
Man trägt sie mit sich herum wie einen Bandwurm oder Zahnschmerzen.
Man hat nicht den Mut, die Medizin einzunehmen, die den Bandwurm umbringt, weil man davon fürchterliche Bauchschmerzen bekommt, oder man lässt sich den Zahn nicht ziehen, weil es einem dabei schlecht geht.
Denn auch, wenn man eine Ehe beendet, geht es einem schlecht.
Sehr schlecht.
Und damit es einem nicht *sehr* schlecht geht, geht es einem lieber schlecht, das reicht.
Daran, dass es einem schlecht geht, hat man sich schließlich schon gewöhnt.

Es ist die Hölle, gegen die man eine Hornhaut entwickelt hat.
Die Hölle existiert, ich sagte es schon.
Aber nach zehn, zwanzig Jahren hat man sich daran gewöhnt.
Daran, jeden Tag verletzt zu werden.
Daran, jeden Tag fertiggemacht zu werden.
Daran, sich jeden Tag quälen zu lassen.
Daran, jeden Tag auf kleiner Flamme gegrillt zu werden.
Daran, jeden Tag gekreuzigt zu werden.
Es tut fast nicht mehr weh.
Weil man nichts mehr spürt.
Weil man schon tot ist.
Innerlich tot.
Und von den Toten auferstehen, sagt man, kann man nicht.
Dabei kann man es doch.
Jesus hat gezeigt, wie es geht.
Und nicht nur Jesus.
Heute verhelfen einem dazu auch die Richter.
Indem sie Scheidungen aussprechen.
Aber die Scheidung bedeutet nicht die Lösung für die Ehe.
Das wäre, wie zu behaupten, dass ein Entzug die Lösung für die Drogenabhängigkeit bedeutet.
Warum nimmt man überhaupt Drogen, wenn man nachher einen Entzug machen muss?
Besser ist es doch, gar nicht erst damit anzufangen.
Eine Scheidung ist wie eine Reanimation.

Sie bringt die Sterbenden ins Leben zurück.
Du dachtest, du seist tot, und dann stellst du fest, dass dein Leben noch vor dir liegt.
Die Scheidung ist das Richtige für Leute, die schon seit mindestens zwanzig Jahren unglücklich verheiratet sind.
Aber für die, die sich glücklich verheiraten wollen, ist die Möglichkeit der Scheidung schädlich.
Die durchschnittliche Lebenserwartung der Ehe hat sich seit Einführung der Scheidung enorm verringert.
Weil es die Scheidung gibt.
Wenn es nicht klappt, lässt man sich scheiden, und alles ist wieder paletti.
Wie wenn man ins Kino geht.
Wenn mir der Film nicht gefällt, gehe ich einfach, bevor er zu Ende ist, schlimmstenfalls habe ich eine Eintrittskarte vergeudet.
Nur heißt diese Eintrittskarte oft Maria oder Antonio.
Die Kirche tut gut daran, gegen die Scheidung zu sein.
Es müsste ein Gesetz her, das die Scheidung vor Ablauf von zwanzig Jahren verbietet.
Genau genommen gab es ein solches Gesetz.
Aber das war übertrieben.
Denn es waren nicht zwanzig Jahre, sondern das ganze Leben.
Ein Gefängnis.
Das ist zu viel.
Zwanzig Jahre sind ein vertretbarer Zeitraum.

Dann würde man es sich genau überlegen, bevor man sich leichtfertig in ein solches Abenteuer stürzt.
Mit einem solchen Gesetz könnte man in einem Leben drei Ehen unterbringen.
Eine mit zwanzig, eine mit vierzig und eine mit sechzig.
Wenn einer mit achtzig noch mal heiraten will, dann ist er in jedem Fall ein Trottel.
Und verdient noch eine weitere Ehe mit hundert.
Falls er so lange durchhält.
Meiner Meinung nach müsste es ein Gesetz geben, das die Heirat erst ab vierzig erlaubt.
Wie soll man vor vierzig reif für die Ehe sein?
Zum Teufel mit dem Verfallsdatum der Spermien und der Eizellen!
Die tun wir ins Eisfach, so machen wir das!
Aber das ist politische Science-Fiction.
Und ich habe schon ein Science-Fiction-Buch[1] geschrieben, jetzt kann ich nicht noch eins über politische Science-Fiction schreiben, sonst hält man mich für einen Aufschneider.
Deshalb lasse ich das jetzt lieber.
Man muss die Kraft haben, die Welt so zu akzeptieren und zu lieben, wie sie ist, wie Buddha gesagt hat.[2]

---

1 Erschienen unter dem Titel *L'altra realtà* bei Mondadori, Mailand 2005.
2 Sehen Sie dazu mein Buch: *Zum Buddha werden in 5 Wochen,* Goldmann Arkana, München 2007.

Ich begnüge mich damit, ein bisschen über sie zu lachen und mir die eine oder andere Notiz zu machen, wenn mir das Leben wieder mal eine Falle stellt.
Damit ich sie das nächste Mal vielleicht umgehen kann.
Und wenn ich dabei auch dem einen oder anderen helfen kann, dann tue ich das gern.
Das ist es, was ich in diesem Buch tun will.
Sie werden natürlich trotzdem in die Falle gehen.
In die Ehe-Falle meine ich, nicht in dieses Buch.
Stürzen Sie sich nur hinein.
Dieses Buch kann Ihnen trotzdem guttun.
Vielleicht finden Sie hier heraus, wie Sie eine glückliche Ehe führen können, die ein Leben lang hält.
Wirklich.
Aber was ist eine glückliche Ehe?

# Die glückliche Ehe

Die glückliche Ehe ist ein *Cocktail.*
Ein Cocktail wie zum Beispiel der *Caffè del Nonno* (»Großvaters Espresso«, ein heißer, stark gezuckerter Espresso, zwei Viertel Brandy, ein Viertel Orangenlikör, ein Viertel Amaretto, Schale einer abgeriebenen Orange) mit derselben Anzahl an Zutaten.
Und genau wie der *Caffè del Nonno* kann auch die glückliche Ehe auf keine ihrer Zutaten verzichten:

**Zutaten für eine glückliche Ehe,
die ein Leben lang hält**

***1 Leidenschaft***
***2 Dialog***
***3 Zärtlichkeit***
***4 Reife***
***5 Liebe***

Wir sehen uns diese Zutaten später noch im Detail an.

Für den Augenblick aber versuchen wir erst einmal zu verstehen, was sie eigentlich sind.

Was bedeuten Leidenschaft, Dialog, Zärtlichkeit?

Sie sind unsere drei existenziellen Universen.

Wir tragen diese drei Universen in uns.

Das physische Universum, das geistige Universum, das emotionale Universum.

Den Körper, den Geist, das Herz.

Diese Segmentierung hat schon seit der Antike ihre Gültigkeit.

Sie leitet sich von unserem biologischen Ursprung her, den segmentierten wirbellosen Tieren. Also praktisch den Würmern.

Schon die yogische Tradition drei Jahrhunderte vor Christus unterschied zwischen einem Yoga des Körpers (*Karma-Yoga*), einem Yoga des Geistes (*Jnana-Yoga*) und einem Yoga des Herzens (*Bhakti-Yoga*).[3]

Nach der yogischen Psychologie sind unsere drei existenziellen Universen drei energetische Hüllen, die von außen nach innen gehen und ebenso vielen Erscheinungs- oder Erfahrungsebenen entsprechen.

Wir sind also praktisch Zwiebeln.

---

3 Sehen Sie hierzu mein Buch: *La psicologia dello Yoga,* ECIG, Genf 1994, und Sri Aurobindo: *Die Synthese des Yoga,* Hinder & Deelmann, Gladenbach, 4. Aufl. 2000.

Vielleicht bringt uns das Leben deshalb so oft zum Weinen.
Die Entwicklung vom Wurm zur Zwiebel mag nicht gerade Begeisterungsstürme hervorrufen, ist aber schon mal besser als nichts.
Zwiebeln sind zumindest nicht so eklig wie Würmer.
Das ist natürlich nur unsere Meinung. Bekanntlich sehen die Würmer das ganz anders.
Schließlich gehen sie ja auch meist in Äpfel und nicht in Zwiebeln.
Für eine glückliche Ehe muss also in allen drei Universen kommuniziert werden.
Sie braucht körperliche Leidenschaft, geistigen Dialog und emotionale Bindung.
Deswegen ist eine glückliche Ehe ja auch so schwer zu realisieren: Weil es schwierig ist, eine Person zu finden, mit der man auf allen drei Ebenen kommunizieren kann.
Und deshalb findet man so häufig scheinbar glückliche Ehen, wo er jedoch Sex mit einer anderen hat (offiziell die Tennispartnerin) oder sie mit einem anderen in Konzerte geht (offiziell der schwule Freund).
Es können dies aber zumindest *einigermaßen* glückliche Ehen sein, denn die jeweiligen Bedürfnisse werden ja auf allen drei Ebenen befriedigt.
Aber nicht *ganz und gar* glücklich, weil sie *außerhalb* der Ehe befriedigt werden und nicht innerhalb.
Und das macht aus der Ehe einen unvollständigen Cocktail.

Das ist so, als entzöge man dem *Caffè del Nonno* eine seiner Zutaten: den Brandy, den Orangenlikör oder den Amaretto.
Vielleicht kommt dabei ja auch etwas Trinkbares heraus.
Aber kein *Caffè del Nonno.*

***Wenn gegenseitige Toleranz herrscht, kann eine Ehe, in der nicht auf allen drei Ebenen, also der körperlichen, geistigen und emotionalen, kommuniziert wird, nicht ganz und gar glücklich sein, aber sie kann trotzdem ein Leben lang halten.***

Das ist besser, als zu sagen: »Mit der gehst du nicht zum Tennis.« Oder: »Mit dem gehst du nicht ins Konzert.«
Denn so werden zumindest die Bedürfnisse der drei universellen Ebenen unserer Persönlichkeit erfüllt.
Und die *müssen* befriedigt werden.
Ihre Befriedigung ist unser *natürliches Recht.*

***Jeder hat das Recht auf die Befriedigung seiner körperlichen, geistigen und emotionalen Bedürfnisse.***

Das steht sogar in der amerikanischen Verfassung.
Die, wie man weiß, das Nonplusultra der Demokratie ist.
Sie erkennt das natürliche Recht des Individuums auf Glück an.
Natürlich ist die amerikanische Verfassung ein revolutionäres Dokument, wie alle Verfassungen.

Aber es kommt aufs Prinzip an.
Tatsächlich ist es so, dass *existenzielles Unglück* herrscht, wenn die kommunikativen Bedürfnisse nicht auf allen drei universellen Ebenen der Persönlichkeit befriedigt werden.
Unabhängig davon, ob man verheiratet ist oder nicht.

***Die Nichtbefriedigung der körperlichen, geistigen und emotionalen Bedürfnisse führt zu Unglück.***

Häufig ist es in der Ehe so, dass einem die Nichtbefriedigung der kommunikativen Bedürfnisse vom Ehepartner aufgezwungen wird.
In diesem Fall handelt es sich um *regelrechte Gewalt.*
Die am weitesten verbreitete Art und Weise, eine Ehe unglücklich zu machen.
Die früher oder später zur Zerrüttung führt.
Oder dem gewalttätigen Tod von einem der beiden (meist durch die Hand des anderen).
Was hinsichtlich des Gelingens einer Ehe auf dasselbe hinausläuft.
Lassen Sie mich deshalb eines ganz klarstellen.

***Niemand hat das Recht, den anderen an der legitimen Befriedigung seiner körperlichen, geistigen oder emotionalen Bedürfnisse zu hindern.***

Weder im Namen der Moral, der Gesetze, der christlichen Kirche oder des Schöpfers persönlich.
Das sind alles nur Ausreden.
Weder die Moral, die Gesetze, die christliche Kirche noch der Schöpfer persönlich (ich habe ihn in dieser Angelegenheit befragt, und er hat es mir bestätigt) rechtfertigen ein solches Vorgehen.

***Einen anderen an der Befriedigung seiner körperlichen, geistigen oder emotionalen Bedürfnisse zu hindern ist immer ein Akt der Gewalt.***

Er resultiert aus einem krankhaften Besitzanspruch und Kontrollbedürfnis.
Die wiederum aus einem Zustand *kindlicher Unsicherheit* abgeleitet sind, also dem krankhaften Bedürfnis, immer jemanden zu seiner vollständigen Verfügung zu haben.
Häufig ist die Nichtbefriedigung der eigenen kommunikativen Bedürfnisse aber auch das Ergebnis von *Selbstzensur*.
So wie die Moderatoren und Journalisten der RAI[4] zensieren sich viele selbst, aus Angst, den anderen zu kränken.
Vielleicht stimmt das sogar.
Aber der andere hat ihm dazu gar nichts gesagt.

---

4 Öffentlich-rechtliche Rundfunk- und Fernsehgesellschaft Italiens (Anm. d. Übers.)

So wie es niemand den Moderatoren und Journalisten der RAI gesagt hat, sich selbst zu zensieren.
In Wirklichkeit tun diejenigen, die sich selbst zensieren, dies im Namen einer allgemein verbreiteten Moral, die sie für berechtigt halten und von der sie annehmen, auch der andere hielte sie für berechtigt.
Einem solchen Verhalten liegen neben kindlicher Unsicherheit oft auch Ehrlichkeit und Respekt dem anderen gegenüber zugrunde.
Aber auch das rächt sich.
Jedwede Hinderung an der Befriedigung der eigenen körperlichen, geistigen und emotionalen Bedürfnisse, und sei sie selbst verursacht, rächt sich.
Denn die Nichtbefriedigung der eigenen körperlichen, geistigen und emotionalen Bedürfnisse führt immer zu existenziellem Elend.
Und es gibt in einer Ehe nichts Deprimierenderes, als mit einem stets unglücklichen Partner zu leben.
Man steht morgens auf und findet eine Leiche vor, die noch alle Zeichen ihres Todeskampfes trägt.
»Was hast du denn, Liebster? Geht es dir nicht gut?«
»Doch, danke, es geht mir sehr gut«, antwortet beharrlich der verstockte Lügner.
»Was ist los, Liebste? Hast du nicht gut geschlafen heute Nacht?«
»Doch, doch, ich habe sehr gut geschlafen. Und du?«, antwortet beharrlich das schlaflose Opfer.

Eigentlich eine Tragödie.
Aber die Kommunikation auf den drei Ebenen, die schon schwierig genug ist, reicht nicht aus, um eine glückliche Ehe zu führen.
Denn es gibt ja noch eine vierte Zutat, erinnern Sie sich?
Die *Reife*.
Was bedeutet sie?
Es handelt sich natürlich um *psychologische Reife*.
Das Reifezeugnis, das man zum Abitur erhält, reicht noch nicht aus, um sich glücklich zu verheiraten und es ein Leben lang zu bleiben.
Nicht einmal ein Hochschulabschluss.
Durch meine Praxis sind schon reihenweise Diplomierte und Doktoren defiliert, die sich alle bitterlich über ihre gescheiterten Ehen beklagt haben.
Hilfsarbeiter oder Maurer allerdings nicht.
Vielleicht konnten sie sich mein Honorar nicht leisten.
Aber es stimmt: Je gebildeter jemand ist, desto eher neigt er dazu, sich das Leben zu komplizieren.
Weil dieser Jemand mehr denkt.
Ich habe mal einen sardischen Schäfer gefragt:
»Was machen Sie eigentlich den ganzen Tag?«
»Ich hüte die Schafe.«
»Sie hüten die Schafe? Das ist alles?«
»Ja, Signore.«
»Da haben Sie ja eine Menge Zeit zum Nachdenken.«

»Nachdenken? Ich muss doch die Schafe hüten, damit sie mir nicht geklaut werden!«
Aber was ist psychologische Reife?
Es ist die Befähigung, *Eltern* zu sein.
Nicht nur weil man davon ausgeht, früher oder später einmal wirklich Eltern zu werden, sondern weil man in der Lage sein muss, *auch für den anderen* Eltern zu sein und nicht nur für seine Kinder.

***Nur wenn man zum Elternsein befähigt ist, kann man hoffen, sich glücklich zu verheiraten und es ein Leben lang zu bleiben.***

Und:

***Zu heiraten, ohne zum Elternsein befähigt zu sein, führt unvermeidlich zum Scheitern der Ehe.***

Das gilt natürlich für beide Partner.
Einer allein reicht nicht.
Sonst ist es wieder die alte Leier: »Ich habe drei Kinder: Zwei habe ich geboren, und das dritte habe ich geheiratet.«
Deshalb, meine Liebe, sollten Sie dieses Buch auch ihm zu lesen geben.
Ich weiß, das wird schwierig, denn einen Mann dazu zu bringen, ein Buch zu lesen, ist ungefähr so mühsam, wie eine Frau dazu zu bringen, den K2 zu besteigen.

Aber versuchen Sie es trotzdem.
Es geht schließlich um Ihre Ehe.
Also, um Ihr Leben.
Aber was heißt es, »zum Elternsein befähigt« zu sein?
Es heißt, *verstehen*, *akzeptieren*, *verzeihen*, *trösten* und *unterstützen* zu können.
Also, lieben zu können.
Und so kommen wir zur letzten Zutat unseres Cocktails.
Der *Liebe*.
Die Liebe ist die wichtigste Zutat unseres Cocktails.
Sie ist die wesentlichste Zutat.
Sie ist wie der Espresso im *Caffè del Nonno*.
Sich gegenseitig zu lieben ist die Essenz der Ehe.
Das sagt auch die christliche Kirche.
Und wenn es die christliche Kirche sagt, die die Ehe erfunden hat, können Sie es glauben.
Also sollten wir, so wie wir als Eltern unsere Liebe an unsere Kinder verströmen und unsere Zuneigung zu ihnen unser ganzes Leben lang nicht weniger werden lassen, es mit dem Partner genauso machen.
Wir sollten ihn immer auch wie unser Kind betrachten und ihm alles verzeihen und alles geben können.
Auch uns selbst.
Genau wie eine Mutter.
Denn auch die Mutter eines Lügners, Diebes, Betrügers, Junkies oder Mörders hört nicht auf, ihn zu lieben, nicht einmal dann, wenn er sie tötet.

Ich hoffe natürlich, dass es bei Ihnen nicht so weit kommt.
Aber man muss fähig sein zu lieben.
Lieben zu können bedeutet, *geben* zu können und nicht immer nur nehmen zu wollen.
Nur wenn wir heiraten, um zu geben und nicht um zu nehmen, um zu lieben und nicht um geliebt zu werden, können wir uns glücklich verheiraten und es ein Leben lang bleiben.

***Man sollte heiraten, um zu geben und nicht um zu nehmen, um zu lieben und nicht um geliebt zu werden.***

Lieben bedeutet, den anderen so lieb zu haben, wie eine Mutter ihr Neugeborenes lieb hat.
Eine Mutter ist bereit, für es durchs Feuer zu gehen!
Wenn sie entscheiden müsste, wer von beiden mit dem letzten Fallschirm, der in einem abstürzenden Flugzeug übrig ist, herausspringen soll, würde sie nicht ihm, ihrem Neugeborenen, den letzten Fallschirm geben?
Mit dem Ergebnis, dass das Neugeborene auf dem Boden zerschmettern würde, weil es keine Ahnung vom Fallschirmspringen hat, und sie auf dem Boden zerschellen würde, weil sie keinen Fallschirm hat.
Vielleicht wäre es besser gewesen, wenn sie mit dem Säugling im Arm gesprungen wäre.
Aber sie hat gedacht: »Und wenn er mir wegrutscht?«

# Die Leidenschaft

Innerhalb des physischen Universums ist es am einfachsten zu kommunizieren.
Da der Körper die äußerste Hülle der Zwiebel ist, der sichtbarste Persönlichkeitsteil, dem wir beim anderen begegnen, findet durch ihn die unmittelbarste Kommunikation statt.
Die Natur gibt sich damit zufrieden, um die Fortpflanzung der Art zu sichern.
Und viele Menschen machen es genauso.
Eigentlich sogar die meisten.
Sie sind die primitiveren Menschen.
Die der Natur am nächsten stehenden, wenn man so will.
Aber auch der Tierwelt.
Auf meinen Reisen durch die Welt habe ich ganze Völker kennengelernt, die Völker Afrikas, Südamerikas, aber auch Asiens (besonders Chinas), die auf Dialog und Zärtlichkeit pfeifen.
Um sich dann Filme anzusehen und Lieder anzuhören, die von unübertroffener Einfältigkeit sind.

Wenn Sie in Kalkutta ins Kino gehen oder in Guangzhou (Kanton) zu einem Karaoke, werden Sie sie oder ihn auf einem kleinen Bambussteg Lieder singen hören, neben denen sich die von Luciano Tajoli[5] wie Militärmärsche ausnehmen.
Das bedeutet, dass unsere menschliche Natur im tiefsten Innern nach mehr als purer Fleischlichkeit verlangt.
Die an und für sich nichts Schlechtes ist.
Manche finden sogar, sie sei das Einzige an uns, das wirklich real ist.
Aber sie ist nur ein Teil von uns.
Wenn auch der Teil, ohne den die anderen Teile nicht existieren könnten.
Das menschliche Wesen ist ein Tier, das den Neocortex, also die Großhirnrinde, weit entwickelt hat.
Diese hat den Menschen dazu befähigt, außer dem Körper noch die anderen beiden Universen zu erschaffen.
Die des Geistes und des Herzens.
Sich auf sein körperliches Universum zu begrenzen bedeutet, sich in seiner Menschlichkeit zu begrenzen.
Aber ohne den Körper geht es auch nicht.
Eine glückliche Ehe kann auf keines der drei Universen verzichten, in denen der Mensch lebt.
Und daher auch nicht auf das physische Universum.
Doch was bedeutet »physisches Universum«?
Zweierlei.

---

5 Italienischer Schnulzensänger (Anm. d. Übers.)

Sinnliche Befriedigung und Tätigkeit.

Die Yogatradition spricht von *Annamaya Kosha* und *Pranamaya Kosha*.

*Maya* bedeutet »Erscheinung«, »Erfahrung«.

*Kosha* bedeutet »Bereich«, »Universum«.

*Annamaya Kosha* ist das körperliche Universum.

Denn *Anna* bedeutet »Körper«.

Aus ihm entsteht die sinnliche Befriedigung.

Der Körper hat seine Bedürfnisse.

Diese beziehen sich auf unsere fünf Sinne.

Die, wie man weiß, die Sehkraft, das Gehör, der Geruchssinn, der Geschmackssinn und der Tastsinn sind.

Aus denen visuelle, auditive, olfaktorische, geschmackliche und taktile Bedürfnisse entspringen.

Im physischen Universum zu kommunizieren bedeutet, sich gemeinsam dieser jeweiligen körperlichen Bedürfnisse zu erfreuen.

Deshalb bereitet es Freude und stärkt die gegenseitige Verbindung, wenn man gemeinsam eine Pizza essen geht oder sich gemeinsam ein gutes Glas Wein gönnt.

Deshalb werden die Männer sauer, wenn nicht alle gemeinsam am Tisch sitzen.

Oder wenn jeder etwas anderes isst und sich nicht alle einer gemeinsamen Mahlzeit widmen.

Die Familien waren glücklicher, als es nur Polenta für alle gab oder höchstens *Polenta agli uccelli scappati*.

Polenta mit entwischten Vögeln.

Also doch nur Polenta.

Aber auch die Frauen werden sauer, wenn sie den ganzen Vormittag damit verbracht haben, ein Essen zuzubereiten, in das sie ihr ganzes (vorgegebenes oder echtes) Können als Köchinnen einfließen lassen, und der andere nicht einmal davon probiert, sondern sich ein Brot mit Erdnussbutter schmiert.

Die Amerikaner sind für ein solches Verhalten besonders anfällig – schließlich essen sie alle liebend gerne Erdnussbutterbrote.

Und sind damit zufrieden.

Das Problem ist, dass sie es nicht wissen.

Dass sie zufrieden sind, nicht dass sie Brot mit Erdnussbutter essen.

Aber es gibt natürlich nicht nur den Geschmackssinn.

Man kommuniziert auch über das Sehen, das Hören und den Geruch.

Sich gemeinsam einen Sonnenuntergang anzusehen, ein Lied anzuhören, einen Duft oder meinetwegen auch einen Gestank zu riechen (die Geschmäcker sind verschieden) schafft Verbindung, schafft Kommunikation.

Und dann gibt es ja noch den Tastsinn.

Und hier kommt das *Pranamaya Kosha* ins Spiel.

Jetzt wird es ein bisschen komplizierter.

*Prana* bedeutet »Lebensenergie«.

Das *Pranayama Kosha* ist das Universum der Energie, der Bewegung, der Handlungen.

Der Tastsinn hat zwei Aspekte.
Einen statischen und einen dynamischen.
Der statische Tastsinn ist derjenige, den wir auf der Haut wahrnehmen, aber auch innerhalb des Körpers, wie die Lust, den Schmerz, den Hunger, den Durst und so weiter.
Der dynamische oder auch kinästhetische Tastsinn ist derjenige, den wir wahrnehmen, wenn wir uns bewegen, also laufen, schwimmen oder *Liebe machen*.
Der Sex gehört in dieses Universum.
Im physischen Universum zu kommunizieren, also im Universum der Sinne und der Handlungen, ist wesentlich wichtig, wenn man sich glücklich verheiraten und es ein Leben lang bleiben will.

***Die Kommunikation im physischen Universum ist wesentlich wichtig.***

Es ist wesentlich wichtig, gemeinsam ein gutes Essen zu genießen.
Schöne Musik zu hören.
Einen Duft zu riechen.
Sich schön anzuziehen (wichtiger für sie als für ihn).
Einen schönen nackten Körper zu berühren (man hofft zumindest, dass er eins von beidem sein möge).
Gemeinsam Fahrrad zu fahren.
Eine Weltreise zu machen.
All dies ist ein guter Anfangspunkt, sozusagen das Tram-

polin für eine glückliche Ehe, die ein Leben lang halten soll.
Tatsächlich beginnt eine Ehe immer mit einer Reise.
Den berühmten Flitterwochen.
Warum?
Kann man seine ehelichen Pflichten nicht auch zu Hause ausüben?
Was ja auch viel bequemer wäre und weniger kostet?
Nein.
Man muss wegfahren.
Auch auf die Gefahr hin, sich dabei zu verschulden, das Ferienbudget der nächsten zehn Jahre zu verprassen, sich an Bahnhöfen und Flughäfen fürchterlich mit dem Gepäck abzurackern oder dasselbe für immer zu verlieren, muss man »die Reise« antreten.
Danach nie mehr.
Ich kenne Paare, die nach der Hochzeitsreise nie mehr gemeinsam weggefahren sind.
Und doch muss man es tun.
Verreisen.
Gemeinsam.
So oft wie möglich.
Möglichst zu jedem Hochzeitstag.
»Zum ersten Hochzeitstag bin ich mit meiner Frau auf die Malediven gefahren.«
»Sag bloß! Wohin willst du denn dann zu eurem zehnten Hochzeitstag fahren?«

»Ich weiß noch nicht. Vielleicht hole ich sie dann wieder dort ab.«

Aber was ist die Leidenschaft?

Sex, Sex, Sex, Sex.

Vom Sex ergriffen, mitgerissen, überwältigt zu werden.

Die Leidenschaft ist das Pendant zur »Brunst« der Tiere.

Wer sich einmal eine ganze Woche lang in einem Hotelzimmer eingeschlossen und von morgens bis abends und von abends bis morgens Sex hatte, der weiß genau, was Leidenschaft ist.

Und was es kostet, sich das Frühstück aufs Zimmer bringen zu lassen.

Die Leidenschaft ist Teil unserer animalischen Natur.

Und was sollte schlecht sein an unserer animalischen Natur?

»Wer nicht wenigstens einmal in seinem Leben die Leidenschaft erlebt hat, hat sein Leben nicht vollständig gelebt.« (Madagassisches Sprichwort)

***Will man sich glücklich verheiraten und es ein Leben lang bleiben, muss es Leidenschaft geben.***

Die Leidenschaft setzt sich aus zweierlei zusammen. Gegenseitiger körperlicher Anziehung und sexueller Libido. Wenn sich beide körperlich voneinander angezogen fühlen und beide eine ausgeprägte sexuelle Libido haben, dann stellt sich Leidenschaft ein.

**_Leidenschaft entsteht aus der Verbindung von körperlicher Anziehung und Libido._**

Eine starke gegenseitige körperliche Anziehung dürfte nicht so schwer zu finden sein.
Wenn es diese starke körperliche Anziehung nicht gibt, wozu heiratet man dann?
Gute Frage, aber wie man weiß, wird auch ohne sie geheiratet.
»Ich habe geheiratet.«
»Ah, deshalb kommst du also nicht mehr zum Angeln.«
»Stimmt.«
»Ist sie schön?«
»Nein.«
»Reich?«
»Nein.«
»Liebenswert?«
»Nein.«
»Und warum hast du sie dann geheiratet?«
»Sie hat Würmer.«
Und die Libido, ist sie nicht eine ganz natürliche Sache?
Ja.
In der Dritten Welt.
Bei uns nicht mehr.
Wenn das anders wäre, warum gibt es bei uns dann so viele Sexualforscher und Psychologen?
Da haben wir also einen ersten Grund, warum es so schwer

ist, sich glücklich zu verheiraten und es ein Leben lang zu bleiben.
Die Libido fehlt!
Achtung: Die Libido müssen *beide* haben.
Sonst scheitert früher oder später die Ehe.

***Wenn nur einer von beiden die Libido hat, führt das nicht zu Leidenschaft, sondern zu Frustration und damit zum Scheitern der Ehe.***

Die Leidenschaft muss in einer Ehe ein natürlicher Zustand sein.
Und nicht nur in einer glücklichen Ehe, die ein Leben lang hält.
In jeder Ehe.
Das Problem ist, dass sich Millionen von Leuten in den Industrieländern von ihrem natürlichen Zustand entfernt haben.
Die sexuelle Libido hat in diesen Ländern massiv abgenommen, und ihre Seltenheit oder gar ihr völliges Fehlen sind sehr verbreitet.
Also ist die sexuelle Leidenschaft in den Industrieländern eine Ausnahme und nicht die Regel.
So sehr, dass eine Frau, die ganz natürlich über sie verfügt, als Nymphomanin betrachtet wird.
Und ein Mann, der ganz natürlich über sie verfügt, als Triebtäter.

Das ist doch verrückt!
»Herr Doktor, ist es normal, dass ich zweimal am Tag mit meinem Mann schlafe: bevor er zur Arbeit geht und wenn er nach Hause kommt?«
»Aber natürlich, Signora.«
»Und dass ich auch Sex habe, wenn er nicht da ist und er mir so schrecklich fehlt?«
»Aber mit wem denn, bitte?«
»Oh, na ja, mit wem es sich so ergibt: mit dem Pförtner, dem Postboten, dem Gasmann ...«
»Entschuldigen Sie, Signora, aber wie oft am Tag?«
»Also, mindestens fünfmal, meinen Ehemann nicht mitgerechnet. Ist das nicht normal?«
»Äh, ich fürchte nein, Signora.«
»Es ist nicht normal? Bin ich also krank?«
»Äh, ich würde sagen, ja, Signora.«
»Und was habe ich?«
»Nymphomanie, Signora. Sie sind eine Nymphomanin.«
»Ach, Gott sei Dank. Ich habe mir schon Sorgen gemacht. Mein Mann sagt nämlich, ich sei ein Flittchen.«
Der Hauptgrund für das Scheitern von Ehen in den Industrieländern ist tatsächlich dies.
Das Fehlen der sexuellen Libido.
Es gibt nichts Entmutigenderes für eine Frau, als sich die Flitterwochen hindurch begehrt zu fühlen und sexuell befriedigt zu sein ...,
... und das war's dann.

Es gibt nichts Entmutigenderes für einen Mann als eine Frau, die sich aufs Bett legt wie eine Gummipuppe und sagt: »Mach schnell, ich hab noch zu tun.«
Aber bei uns läuft es gewöhnlich so ab.
Die Leidenschaft ist wie die Orangenschale im *Caffè del Nonno.*
Was passiert, wenn man sie erst hineintut, um sie dann schnell wieder rauszunehmen?
Großvater wird enttäuscht sein.
Die Sache mit dem Sex kann man nicht nur so nebenbei abhandeln.
Wir müssen uns das näher anschauen.

# Sex

»Für den Mann ist die Ehe der Preis, den er zahlen muss, um immer Sex haben zu können. Für die Frau ist Sex der Preis, den sie zahlen muss, um eine Ehe haben zu können.« (Kalabrisches Sprichwort)

»Die Ehe ist der Tod des Sex.« (Sizilianisches Sprichwort)

»Sex ist der Tod der Liebe.« (Südtirolisches Sprichwort)

»Habe Sex, sooft du kannst: Er kostet nichts.« (Genuesisches Sprichwort)

»Lieber Sex als Eis.« (Inuit-Sprichwort)

Und so weiter.

Sex ist die delikateste Zutat unseres Cocktails.

Sie ist, wie ich schon sagte, die Orangenschale im *Caffè del Nonno.*

Viele fügen sie nicht hinzu, machen damit aber einen Fehler. *Caffè del Nonno* ist besser mit Orangenschale.

Mit der Ehe verhält es sich genauso.

Mit Sex ist sie eine ganz andere Sache.

Niemand will es zugeben, aber so ist es.

Es ist unglaublich, dass ich hier pausenlos darüber sprechen muss, warum guter Sex für das Funktionieren einer Ehe wichtig ist, während wir in einer Gesellschaft leben, die Sex überall in Film und Fernsehen und der Werbung sieht, ihn aber selbst nicht lebt.

Die durchschnittliche Häufigkeit ehelicher Sexualkontakte in Europa und Nordamerika beträgt ein- bis zweimal pro Monat.

Das hat vor mehr als fünfzig Jahren der Kinsey-Report enthüllt.[6]

Und in der Zwischenzeit haben sich die Dinge nicht zum Besseren verändert.

Vor nicht langer Zeit (2003) hat eine italienische Studie, die im Auftrag des *For Men Magazine* gemacht wurde, dies bestätigt.[7]

In Sizilien steigt die Häufigkeit auf ein bis zwei Mal in der Woche.

Man weiß nicht, warum, aber je näher man dem Äquator kommt, desto mehr wird geschnackselt.

Aber warum findet so wenig Sex in der Ehe statt?

Dafür gibt es zwei Gründe.

Der erste ist, wie wir schon gesehen haben, der Rückgang der Sexualität in den Industrieländern.

---

6 Alfred Kinsey: *Sexual Behaviour in the Human Male (Das sexuelle Verhalten des Mannes)*, 1948; und *Sexual Behaviour in the Human Female (Das sexuelle Verhalten der Frau)*, 1953.

7 Siehe auch: www.agcom.it/sondaggi/dox/2003/SG_14_05_03.doc

Der zweite ist die Gewöhnung des Mannes.
Um optimale Fortpflanzungsbedingungen für die Art zu garantieren, ist der Mann von der Natur mit einem Paarungsinstinkt ausgestattet, der sich auf immer andere Frauen richtet.
Immer dieselbe Frau erregt ihn nach einer gewissen Zeit nicht mehr.
Nicht einmal, wenn sie Miss World ist.
Ich weiß, dass ihr Frauen daran nicht glaubt und es für eine Ausrede haltet, aber für uns Männer ist das ein Fluch.
Immer neue Frauen suchen zu müssen, um sexuelle Erregung zu finden, ist wie die Qual des Sisyphus (oder des Tantalus?).
Stellen Sie sich einmal vor, wie das für Sie wäre.
Immer neue Männer suchen zu müssen, damit Sie sexuelle Erregung empfinden können.
Wie fänden Sie das?
Und dann müssten Sie sich auch noch ständig als Flittchen beschimpfen lassen.
So wie man uns ständig als Hurenböcke hinstellt.
Nur weil wir dem Instinkt folgen, den uns der Schöpfer gegeben hat, um damit sicherzustellen, dass unsere Art nicht ausstirbt.
Und *Er* dann schlecht dasteht.
Als sorgt Er lieber dafür, dass *wir* schlecht dastehen.
Hurenböcke?
Kann sein.

Aber wenn die Hurenböcke sich wie Unschuldsengel benehmen, passt Ihnen das auch nicht.
Und dann gibt es ja noch den Rückgang der sexuellen Libido in den Industrieländern.
Die Ursache dafür ist der *Stress*.
In den Städten ist Stress unvermeidlich.
Der Stress ist der schlimmste Feind des Sex.
»Der Sex will keine Sorgen«, sagen die Neapolitaner.
Sie formulieren es noch etwas origineller, aber sinngemäß meinen sie das.
Die sexuelle Erregung wird vom sympathischen Nervensystem unterdrückt.
Das in Wirklichkeit total unsympathisch ist, weil es für den Stress zuständig ist.
Das parasympathische Nervensystem ist für die sexuelle Erregung zuständig.
Es ist also nicht nur *para*-sympathisch, sondern richtig sympathisch.
Um viel Sex zu haben, müsste man eigentlich unverheiratet sein und in einem kleinen Städtchen in Sizilien leben.
Ich empfehle Patti am gleichnamigen Golf.
Aber können wir diese Betrachtungen nicht einfach außen vor lassen und auch ohne Sex eine glückliche Ehe führen, die ein Leben lang hält? Vielleicht in Mailand?
Eine ganz *normale*, glückliche Ehe?
Nein.
Wenn eine Ehe normal ist, ist sie nicht glücklich.

Eine *platonische* Ehe ist keine glückliche Ehe, auch in Mailand nicht.
Sie ist vielleicht kultiviert, aber nicht glücklich.
Also ist das Problem, wie man die sexuelle Aktivität in der Ehe steigern kann.
Auch diesmal kommt uns der Orient zu Hilfe.
Der Schöpfer hat uns in einem Akt der Liebe die Sexualität gegeben, damit wir Freude daran haben und diese Freude durch das Zeugen unserer Kinder an sie weitergeben.
Und wir üben sie so oft wie möglich aus und versuchen, das Maximum an Lust aus ihr zu gewinnen, weil es der Schöpfer so gewollt hat und weil wir so unsere Dankbarkeit und unsere Hingabe zeigen können.
Der psychologische Weg des Tantra ist, im Partner eine Inkarnation der Gottheit zu sehen und sich seiner Lust mit göttlicher Hingabe zu widmen.
Wie man sieht, ist die tantrische Auffassung eine fundamental *religiöse*.
Da die Sache auf Gegenseitigkeit beruht, ist das Ergebnis eine Neuorientierung und Revolutionierung der Sexualität.
Sie überwindet zwei natürliche Handicaps: die frühzeitige Ejakulation beim Mann und die weibliche Passivität.
Diese sind über Jahrhunderte bei der menschlichen Paarung die Regel gewesen.
Das Erste war durch die Gefahren der Umwelt gerechtfertigt, das Zweite durch die rein reproduktive Zweckbestimmung der Sexualität.

Man kann sagen, dass der tantrische Sex die Antwort der menschlichen Evolution auf die Sexualität ist.
Mithilfe des tantrischen Sex habe ich viele Ehen vor dem Scheitern bewahrt.
Der Sex gehört zur Kommunikation in den drei Universen, von denen oben bereits die Rede war.
Aber er beschränkt sich nicht auf das physische Universum allein.
Wenn er auf tantrische Weise gelebt wird (und warum nicht ebenso auf christliche?), erweitert er sich auch auf das geistige und das emotionale Universum.
Das Tantra eröffnet tatsächlich neue erotische Möglichkeiten und vermehrt systematisch die sexuelle Erregbarkeit bis hin zum multiplen und zum Dauer-Orgasmus, und das sowohl für den Mann wie für die Frau.[8]
Die tantrischen Sexpraktiken können also die Libido um ein Vielfaches steigern.

***Sex ist ein wesentlicher und unabdingbarer Bestandteil für eine glückliche Ehe, die ein Leben lang hält.***

Der vorhin bereits erwähnte Schafhirte kommt eines Tages mit einem Schaf unter dem Arm nach Hause und stellt sich vor seine Frau.

---

8 Vgl. André van Lysebeth: *Tantra für Menschen von heute*, Mosaik bei Goldmann, München 1990.

»Sieh mal, das ist das Vieh, das ich mir vornehme, wenn du Kopfweh hast.«
»Aber, Gavino ...«
»Sei still, mit dir rede ich nicht!«
Will man sich glücklich verheiraten und es ein Leben lang bleiben, ist Sex also wirklich wichtig.
Vor einiger Zeit erhielt ich von einer Leserin, die von sich sagte, sie führe eine sexuell erfüllte Ehe, ein paar Hinweise, die ich hier mit ihrer Erlaubnis zitiere.
Sie antwortete folgendermaßen auf meine Fragen:
*Ist Ihre sexuelle Erfüllung das Ergebnis einer beiderseitigen Bemühung, oder ist sie nur das Resultat dessen, dass Sie sich gegenseitig sehr gefallen und Sie beide eine ausgeprägte Libido haben?*
Für uns ist es sowohl das eine als auch das andere: Einerseits gefallen wir uns, andererseits bemühen wir uns beide kontinuierlich darum, den anderen dadurch zu befriedigen, dass wir seine Wünsche und sexuellen Fantasien erfüllen, auch wenn sie uns nicht auf Anhieb ansprechen. Vieles tun wir auch aus dem Bedürfnis heraus, dem anderen einen Gefallen zu tun und demjenigen, der an unserer Seite ist, Befriedigung zu verschaffen. Wir haben unser Gleichgewicht gefunden, und bis auf seltene Ausnahmen sagen wir nie Nein zum anderen.
Manchmal erwacht die Lust auch erst, nachdem man angefangen hat. Wenn man seinen Partner sehr gut kennt, kann man ihn auch dadurch erregen, dass man die für ihn richtigen Methoden anwendet, auch wenn er müde oder

erschöpft oder gestresst ist. Zum Beispiel reicht es bei mir schon aus, wenn ich mir einen Minirock anziehe (sehr viel Mini, sehr wenig Rock), um meinen Mann in Stimmung zu bringen. Er behauptet, ich hätte tolle Beine, obwohl ich das ganz und gar nicht finden kann. Er weiß, wie er mich berühren muss, um mich zu erregen, auch wenn ich einen sehr stressigen und anstrengenden Tag hatte. Mit den Jahren habe ich Gefallen an Dingen gefunden (und schlage sie heute sogar selbst vor), die mir anfangs nicht besonders zusagten (wie zum Beispiel Analverkehr) oder mir sogar unangenehm waren (wie mich vollständig zu enthaaren, mich im Tanga zu sonnen oder nichts weiter zu tragen als oben erwähnten Minirock).

Ich bin eine sehr sportliche Frau, habe mich aber nach und nach in eine Frau verwandelt, die zwar immer noch sportlich ist, sich aber ab und zu sexy anzieht, so, wie es ihm gefällt. Auch er kommt mir entgegen, gibt sich Mühe, mir zu gefallen. Er hält sich in Form, sowohl mental wie auch körperlich, rasiert sich, um mir den Oralverkehr angenehmer zu machen, und lässt mir freie Hand, meine sexuellen Fantasien so auszuleben, wie ich es möchte, auch mit Dritten darüber zu reden.

*Wie häufig schlafen Sie miteinander?*

Das kommt auf die Umstände an: Im Urlaub tun wir es meist zweimal am Tag, und das täglich. Wir sind allerdings wenig kompatibel, was die Tageszeit betrifft. Ich tue es gern morgens, er lieber abends, also machen wir einen kleinen Wettkampf daraus, wer am meisten auf seiner bevorzugten Uhrzeit besteht, und locken den anderen mit den Dingen, die ihm am besten gefallen, aus der Reserve. Wenn wir viel Zeit gemeinsam verbringen, unsere Aktivitäten also koordinierbar sind, tun wir es einmal am Tag.

*Nähern Sie sich einander immer gleich an, oder wechselt das auch?*

Ich hasse vorprogrammierten Sex, und das weiß er. Mir gefällt es, wenn es sich aus einer erregenden Situation ergibt, also versucht er oft, sie entstehen zu lassen. Wenn ich müde und wenig ansprechbar bin, gibt er sich eben ein bisschen mehr Mühe ... er macht das wirklich gut.

*Bevorzugen Sie immer die gleichen Stellungen, oder wechseln Sie häufig?*

Es gibt Stellungen, die wir besonders gern mögen und daher häufiger benutzen. Ich weiß, welche Stellungen er besonders mag, und lasse mich auf sie ein. Er tut dasselbe für mich.

*Tun Sie es immer an denselben Orten, oder wechseln Sie häufig den Ort?*

Na ja, wenn man Kinder hat, gestaltet sich das etwas schwieriger, also ist leider das Bett unser Hauptschauplatz. Aber wir duschen oft zusammen, und während der Fußballweltmeisterschaft, als alle vor den Fernsehern saßen und die Spiele anschauten, haben wir uns am Strand unter einem Sonnenschirm geliebt. Das war sehr befriedigend, besonders für mich.

*Benutzen Sie besondere Kleidung, um sich in Stimmung zu bringen?*

Das ist ein heikles Thema ... Er liebt es, ich nicht. Ich füge mich darein, für seine unzähligen »Fotosessions« Modell zu stehen. Er sagt, wenn ich einmal alt bin und ihm nicht mehr gefalle, werde ich es vermissen. Vielleicht hat er sogar Recht damit.

*Wer von Ihnen ergreift häufiger die Initiative?*

Ich glaube, er, bin mir aber nicht sicher.

*Sind Sie eher aktiv oder passiv beim Geschlechtsverkehr?*

Was bedeutet das? Ich glaube nicht, dass ich bin wie die Frau in dem Witz, die während des Verkehrs darüber nachdenkt, in welcher Farbe die Decke gestrichen werden müsste.

*Benutzt er besondere Techniken, um Sie zu erregen, oder überlässt er das dem Zufall?*

Er weiß genau, was mir gefällt, und setzt dieses Wissen dafür ein, mich in Stimmung zu bringen, auch wenn ich in dem Moment vielleicht gar nicht so scharf darauf bin ... und da ich nie Kopfschmerzen habe, ergibt sich das alles automatisch.

*Ergreifen auch Sie öfter die Initiative, ihn in Stimmung zu bringen?*

Ja, aber häufig bringe ich ihn auch ganz unbeabsichtigt in Stimmung; mein Glück ist, dass ich ihm so sehr gefalle.

*Brauchen Sie besondere Umstände, um erregt zu werden, oder sind Sie unabhängig von Ihrer Umgebung?*

Ich glaube, er ist ein bisschen anomal veranlagt, denn es erregt ihn, wenn er sieht, wie andere Männer mich ansehen. Er zeigt mich gern her wie eine Trophäe. Es gefällt ihm, wenn ich leicht bekleidet bin, wenn wir zusammen ausgehen. In dieser Sache sind wir ganz und gar nicht derselben Meinung. Er versucht sich damit zu rechtfertigen, dass er sagt, während die anderen Männer andere aufreizende Frauen ansehen und ihre eigene Frau dazu bringen, sich sittsam zu kleiden, sieht er nur mich an, ob ich nun aufreizend gekleidet bin oder sittsam. Das stimmt zwar, aber es ändert nichts an der Sache: dass er mich hierbei nicht so akzeptiert, wie ich bin. Also versuchen wir immer, Kompromisse zu finden, indem wir lange und ermüdende Diskussionen führen.

Wie man sieht, gibt es Sex in glücklichen Ehen, die ein Leben lang halten, und wie.
Und er entsteht durch das Vorhandensein sexueller Libido, durch gegenseitige Anziehung, Fantasie und ... Bemühung. Von beiden Seiten.

***Sex setzt Libido und Anziehung voraus, erfordert aber auch gegenseitige Bemühung, damit er die Zeit überdauert.***

»Giuan, wie oft schlaft ihr miteinander, du und Giggia?«
»Ich und Giggia tun es fast jeden Tag.«
»Mit achtzig Jahren!«
»Ja, ja. Wir tun es *fast* am Montag, *fast* am Dienstag, *fast* am Mittwoch, *fast* am Donnerstag ...«

# Treue

»Meine Frau betrügt mich.«
»Mit wem?«
»Mit dem Klempner.«
»Hast du Beweise?«
»Ja. Ich finde andauernd Wasserhähne unterm Bett.«
»Ach du Schreck. Dann betrügt mich meine mit einem Pferd.«
»Wieso das denn?«
»Weil ich unter dem Bett einen Jockey gefunden habe.«
Die Treue ist der neuralgische Punkt der Ehe.
Sie ist eine Art Phantom.
In dem Sinne, dass man nie weiß, ob es sie gibt oder nicht.
Wie den Großvater im *Caffè del Nonno*.
Kann man den *Caffè del Nonno* auch ohne den Großvater machen?
Ja, warum nicht?
Aber es wäre natürlich schöner, wenn er dabei wäre.
Wenn nicht, was wäre es dann für ein *Caffè del Nonno*?

Im Prinzip sollte jede Ehe streng monogam sein.
Deswegen habe ich ja auch gesagt, dass die Ehe widernatürlich ist.
Weil der Mann *hoffnungslos* polygam ist, wie ich bereits sagte.
Das gehört zu seinen Instinkten.
So, wie es ein Instinkt der Frau ist, Kinder zu bekommen und aufzuziehen.
Hier sollte man einige Betrachtungen anstellen.
Erstens, auch Frauen können polygam sein.
Wie ich schon sagte, ist die Polygamie keine Frage des Geschlechts, sondern der *persönlichen Entwicklung*.
Die kindliche Persönlichkeit fordert Treue ein, weil sie fortwährende und ausschließliche Unterstützung braucht.
Der Erwachsene braucht sie nicht mehr, also kann er besser mit Polygamie umgehen, er praktiziert sie schließlich selbst.

***Die Forderung nach Treue ist typisch für Kinder. Der Erwachsene ist von Natur aus polygam.***

Die Tatsache, dass die Polygamie in den nicht industrialisierten Ländern weiter verbreitet ist, und zwar bei Männern wie bei Frauen, bestätigt diese These.
In den nicht industrialisierten Ländern ist die Entwicklung zur erwachsenen Persönlichkeit die Norm.
Bei den überbehüteten Menschen in den industrialisierten Ländern passiert das Gegenteil, weil dort die kindliche Per-

sönlichkeit bis ins fortgeschrittene Alter weiterexistieren kann.
Das erklärt, warum bei uns die Forderung nach Treue die Norm ist.
Denn bei uns ist die infantile Persönlichkeit die Norm, nicht die erwachsene.
Sie ist aber auch eine typisch *italienische* Norm.
Man muss bloß in den Norden Europas gehen oder auch nur bis nach Frankreich, um festzustellen, dass die sexuelle Treue kein absoluter Wert ist.
Zweitens kann man sich auch entgegen der Natur verhalten, wenn man möchte.
Dies ist es ja gerade, der *freie Wille* des Menschen, der ihn von den Tieren unterscheidet.
Ein Säugetier wird man niemals davon überzeugen können, monogam zu sein, einen Menschen schon.
Tatsächlich hat die christliche Kirche dies versucht und ist damit durchgekommen.
Zumindest offiziell.
Also kann die monogame Ehe realisiert werden, obwohl sie widernatürlich ist.
Unter ein paar bestimmten Voraussetzungen.
Die Monogamie, also die sexuelle Treue, ist, wie ich schon sagte, für die kindliche Persönlichkeit normal.
Sie kann aber auch – für entwickelte Persönlichkeiten, für Eltern oder auch einfach nur für Erwachsene – eine Errungenschaft sein.

Wie wir schon gesehen haben, benötigt die kindliche Persönlichkeit die absolute und exklusive Zuwendung eines anderen Wesens (des Elternteils).
Aber die kindliche Persönlichkeit ist für die Ehe von fataler Schädlichkeit.
Sie verlangt absolute Hingabe, ist ihrer aber selbst nicht fähig.
Auf die Dauer wird eine Ehe kindlicher Persönlichkeiten scheitern.
Was die Erwachsenen angeht, so besteht für sie allerdings ein natürlicher Widerspruch.
Der Erwachsene, männlich oder weiblich, ist, wie wir gesehen haben, von Natur aus polygam.
Die Monogamie ist für den Erwachsenen also eine widernatürliche Forderung.
Und sich wider die Natur zu verhalten macht die Menschen unglücklich.
Das hat schon der Taoismus, die alte chinesische Philosophie, vor vielen Jahrhunderten erkannt.
Denn in der Natur herrscht Harmonie, und das Unglück ist die Folge der Zerstörung dieser Harmonie.
Wie soll man es also anstellen?
Wie kann man Treue in der Ehe erreichen?
Eine Sache ist sicher:

***Die Treue des Partners lässt sich nicht erzwingen.***

Und:

***Das Erzwingen sexueller Treue ist ein Akt der Gewalt.***

Also:

***Die Treue des Partners gewinnt man nur durch die Befriedigung seiner sexuellen Erwartungen.***

Seinen Partner sexuell zufriedenzustellen ist die beste Versicherung gegen Untreue, die es gibt.
Aber kommen wir auf den Begriff der *Treue* selbst zu sprechen. Was ist Treue?
Die Antwort ist kompliziert, denn Männer und Frauen verstehen etwas anderes darunter.
Bei den Frauen ist Sex oft mit *Zuneigung* verknüpft.
Warum?
Weil, wie wir gesehen haben, Zuneigung für den Menschen *Hingabe* und *Schutz* bedeutet.
Und für die Frau hat es oft oberste Priorität, einen Mann zu haben, der mit seiner Hingabe und seinem Schutz für ihr Überleben und das ihrer Kinder sorgt.
Aber das gilt für das weibliche Kind, nicht für die erwachsene Frau, die für sich selbst sorgen kann und keine Hilfe vom Mann benötigt.
Tatsächlich ist aber nicht die erwachsene Frau die übliche Partnerin in der Ehe.

Die erwachsene Frau heiratet nicht.
Welche Art Frau ist es, die heiratet?
Welche Art sieht die Untreue als Betrug an?
Die Kind-Frau.
Die es tatsächlich nötig hat, beschützt zu werden, und zwar exklusiv.
Deshalb sehen Frauen Untreue häufig als *Betrug* an.
Aber Betrug woran?
An der freiwillig übernommenen oder zumindest behaupteten Verpflichtung zu exklusiver Hingabe.
Dasselbe gilt natürlich für den Kind-Mann.
Und hierzulande gibt es massenweise Kind-Frauen und Kind-Männer, daher gilt in der allgemeinen italienischen Moralauffassung sexuelle Untreue als Betrug.
In anderen europäischen Ländern und in vielen nordamerikanischen Bevölkerungsschichten sehen die Dinge etwas anders aus.
Von der übrigen Welt ganz zu schweigen, wo die Polygamie die Regel ist.
Dort existieren die Konzepte von Treue oder Untreue nicht einmal.
Und selbst in Italien gilt heute die sexuelle Untreue gesetzlich nicht mehr als Delikt.
Man muss allerdings sagen, dass Kind-Männer und -Frauen die Treue, die sie selbst für sich einfordern, auch freiwillig und mit großer Leichtigkeit geben.
Aus zwei Gründen.

Erstens müssen sie mit gutem Beispiel vorangehen, wenn sie sich in der bequemen Position befinden wollen, den anderen anzuklagen.
Zweitens liegt ihnen nichts daran, untreu zu sein.
Kinder sind tatsächlich vollkommen asexuell.
Was ihnen wichtig ist, ist die exklusive Zuwendung, nicht der Sex.
Der Sex ist dafür nur ein *Symbol.*
Tatsächlich hat in allen Ehen, in denen es einen »Betrug« gibt, der Betrogene immer eine wenig ausgeprägte Sexualität.
Aber zum Thema Treue muss noch etwas anderes angemerkt werden.
Wir haben gesehen, dass die Polygamie typisch für den Erwachsenen ist.
Für den Erwachsenen gibt es keine Untreue.
Gleichermaßen gibt es für ihn keinen Betrug.
Von Natur aus instinktiv der Polygamie zuneigend, erlebt der Erwachsene Sex vollkommen anders als ein Kind.
Für den Erwachsenen hat Sex nichts mit Zuneigung zu tun.
Er ist ein physischer Akt, und damit basta.
Nach dem Motto: »Hat es dir gefallen? Ach, übrigens, wie heißt du eigentlich?«
Dies gilt besonders für den Mann.
Wie sollte es auch anders sein, wenn die Natur und der Instinkt den Mann so gemacht haben, dass er sich mit möglichst vielen Frauen paaren soll?

Im Gegenteil. Wie ich schon in meinem Buch *Wie Sie ein schönes, reiches Miststück werden*[9] beschrieben habe, ist Zuneigung für den Mann sogar ein *Grund zur Impotenz.*
Das klingt unglaublich, ist aber so.
Weil beim Mann eine emotionale Bindung die Aktivierung seiner Elternfunktion impliziert.
Die in ihm nicht von Natur aus angelegt ist wie in der Frau.
Und die deshalb von seiner erwachsenen Persönlichkeit abgespalten ist, derjenigen, mit der er seine Sexualität lebt.
Die Treue- und die Betrugsfrage ist ein Streitpunkt, der Frauen und Männer heutzutage auf dramatische Weise trennt.
Dieser Streitpunkt hat mehr Unglück hervorgerufen, mehr Familien ruiniert und mehr Leben zerstört als Kriege und Naturkatastrophen.
Hierzu gibt es dreierlei anzumerken.
Erstens ist dieses Problem ein typisch *infantiles.*
Es ist typisch für die kindliche Persönlichkeit, vom Partner sexuelle Treue zu verlangen, weil man sie für die Garantie seiner absoluten und ausschließlichen Hingabe hält.
Diese Forderung nährt sich aus dem typisch kindlichen Bedürfnis, den anderen zu besitzen.
Die zweite, für mich recht unerfreuliche Anmerkung ist, dass dieser Streitpunkt ein *fast ausschließlich italienischer* ist.

---

9 Arkana, München 2007

In anderen Ländern gibt es so gut wie keine Scheidungen wegen eines Seitensprungs.
Was dazu geführt hat, dass unsere Gesetzgeber gezwungen waren, diesen Tatbestand aus den italienischen Gesetzbüchern zu entfernen.
Falls Sie es noch nicht wissen (denn es gibt immer noch Leute, die es noch nicht wissen): Sie können sich bei uns nicht scheiden lassen, weil er Sie betrogen hat.
Sie können vorbringen, was Sie wollen, dass er schnarcht, dass er aus dem Mund riecht oder das Haus verwüstet, aber Sie können sich nicht scheiden lassen, weil er fremdgegangen ist.
Wie dem auch sei, der Seitensprung ist noch immer der eigentliche Grund für Scheidungen in Italien.
Weil Kinder absolute Treue verlangen.
Und in Italien die kindliche Persönlichkeit weiter verbreitet ist als in jedem anderen Land dieser Welt.
Das staatliche italienische Statistikamt hat errechnet, dass 34 Jahre das durchschnittliche Alter ist, bis zu dem Kinder in Italien bei ihren Eltern wohnen bleiben. Im europäischen Durchschnitt sind es 20 Jahre, im internationalen 14.
Die dritte Anmerkung ist, dass dieses kindliche Verhalten in unserer Gesellschaft ein *neuartiges Phänomen* darstellt.
Weder unsere Großväter noch unsere Großmütter haben je ein Drama daraus gemacht, wenn sie oder er eine/n Liebhaber/in hatte.

Der oder die Geliebte war bei uns wie überall auf der Welt eine institutionelle Figur.

Die Literatur des 19. und 20. Jahrhunderts bestätigt dies.

»Liebster, was betrachtest du denn so intensiv durch dein Opernglas?«

»Meine Maitresse, Liebste.«

»Welche ist es denn?«

»Die in der dritten Reihe neben dem glatzköpfigen Signore.«

»Hübsch.«

»Und die in der zweiten Reihe neben dem Signore mit dem Hut ist die Maitresse ihres Ehemanns.«

»Weißt du was, Liebster?«

»Was denn, Liebste?«

»Unsere ist viel schöner.«

Heute sind die Frauen bei uns Opfer eines absurden Widerspruchs.

Einerseits werten sie die Sexualität ab, verachten sie fast und werfen den Männern vor, an nichts anderes zu denken.

Andererseits messen sie ihr eine solche Wichtigkeit bei, dass sie ihre Ehe wegschmeißen, wenn er es mit einer anderen treibt.

Verrückt?

Vielleicht.

Infantil?

Ganz sicher.

Aber was ist, wenn er mit einer zwanzig oder dreißig Jahre Jüngeren abhaut?
Was soll sie tun?
Na ja, sie kann nur dann wissen, was sie tun soll, wenn es ihr gelingt, sich geistig in seine Lage zu versetzen.
Wenn sie sich in einen sehr gutaussehenden, feurigen Jüngling verliebt hätte und ihre Jugend wieder aufleben lassen könnte, welches Verhalten würde sie sich von ihm wünschen?
Na, dass er ihr seinen Segen gäbe, dass er glücklich über ihr Glück wäre, natürlich!
Das ist Liebe.
Das ist *Toleranz*.

***Wenn man sich liebt, sollte Untreue also toleriert werden.***

Erinnern Sie sich daran, wenn Sie glücklich verheiratet sein und es ein Leben lang bleiben wollen.
Ich habe die Toleranz nicht explizit und gesondert als Zutat für unseren Cocktail aufgeführt, aus dem einfachen Grund, weil sie integrativer Bestandteil der Liebe ist.
Sie ist gemeinsam mit dem Mitgefühl und der Hingabe ein wichtiger Teil der Liebe, die im Folgenden noch detaillierter besprochen wird.
Jetzt sollen Sie erst einmal eine andere wichtige Sache erfahren:

**Intoleranz ruiniert die Ehe.**

Vergessen Sie das nie.
Starre ist ein Charakteristikum des Todes, nicht des Lebens.
Toleranz ist natürlich eine gegenseitige Angelegenheit.
Sie gilt für sie genauso wie für ihn.
Aber auch hier gibt es wieder gewaltige Unterschiede zwischen beiden.
Der häufigste Fall heute, zumindest in Italien, ist nicht mehr der, dass sie ihn betrügt und er sie aus Eifersucht tötet.
Früher kam dies so häufig vor, dass das Gesetz es nicht einmal unter Strafe stellte.
Der häufigste Fall heute ist der, dass er sie betrügt und sie ihn verlässt und die Ehe platzen lässt.
Mit drei Kindern, von denen eins noch in den Kindergarten geht, einer noch nicht abbezahlten Hypothek und einem Dutzend verstörter Verwandter und Freunde.
Ebenso typisch ist es, dass er sie nur physisch betrügt, sie es aber mit dem Herzen tut.
Und natürlich versteht sie weder, noch kann sie es zugeben, dass er es nur physisch und ohne mit dem Herzen dabei zu sein getan hat.
Weil das für sie absurd ist.
Da könnte man genauso gut einen Fisch davon überzeugen wollen, dass man auch außerhalb des Wassers wunderbar atmen kann.

Das Ergebnis dieses unterschiedlichen Umgangs mit dem Thema Sex ist, dass er sie wiederholt betrügt, sie aber nie verlässt.
Sie hingegen betrügt ihn nur ein einziges Mal und verlässt ihn für immer.
Sie verlässt ihn aber auch dann für immer, wenn sie herausfindet, dass er sie auch nur ein einziges Mal betrogen hat.
Auch wenn es zehn Jahre zurückliegt.
Ich erinnere mich an einen erschütternden Fall.
Am zwanzigsten Hochzeitstag schlägt er vor lauter Glück beim Essen über die Stränge und erleidet einen Herzanfall.
Davon überzeugt, im Sterben zu liegen, gesteht er ihr, sie zehn Jahre zuvor einmal betrogen zu haben.
Er stirbt nicht.
Aber sie verlässt ihn.
Was machen wir nun mit der Treue, wenn wir glücklich verheiratet sein und es ein Leben lang bleiben wollen?
Gehört sie dazu oder nicht?
Also, ich finde, sie gehört dazu.
Wenn sie mit romantischer Liebe einhergeht, ist sie wie der Großvater beim *Caffè del Nonno*.
Was gibt es Schöneres, als einen *Caffè del Nonno* zuzubereiten und einen Großvater zu haben, dem man ihn überreichen kann?
Einfach perfekt.

***Wenn sie mit romantischer Liebe einhergeht, macht Treue eine Ehe nicht nur glücklich und lässt sie ein Leben lang halten, sondern auch perfekt.***

Allerdings unter einer Bedingung.
So wie es nötig ist, dass der Großvater ein richtiger Großvater ist und nicht nur ein gemeiner alter Mann, der sich als solcher ausgibt, weil er Lust auf einen *Caffè del Nonno* hat, so muss die Sexualität auch mit einer Intensität und Befriedigung gemeinsam gelebt werden, dass sie nicht einmal mehr den Wunsch entstehen lässt, sie mit anderen auszuleben.

***Volle sexuelle Befriedigung ist die Bedingung für Treue.***

Aber Vorsicht.
Wie ich schon sagte, entsteht ein befriedigendes Sexualleben aus persönlicher Libido, gegenseitiger Anziehung und Bemühung.
Und zwar von *beiden*.
Es reicht nicht, dass einer von beiden eine ausgeprägte Libido hat und der andere nicht.
Es reicht nicht, dass einer sich vom anderen angezogen fühlt und der andere nicht.
Es reicht nicht, dass einer sich sehr bemüht und der andere nicht.

Früher oder später wird der, der das Boot allein rudert, müde werden und sich mit dem Strom treiben lassen.
Und früher oder später wird er in einem Hafen anlegen, wo ihm jemand einen Motor an seinem Boot anbringt.
Und der andere darf sich dann nicht darüber beschweren, dass er an Land zurückbleibt.
Er hat es so gewollt.
Vielleicht hatte er aber auch keine Wahl, weil er keine Libido hatte, keine Anziehung empfand oder nicht in der Lage war, sich Mühe zu geben.
Aber selbst dann darf er nicht vom anderen verlangen, dass auch er an Land bleibt.
Die Untreue wird dann, wenn auch nicht unvermeidlich, so doch sehr wahrscheinlich.

***Sexuelles Unbefriedigtsein macht Untreue sehr wahrscheinlich.***

Einer der beiden erleidet sie, aber der andere wird zu ihr getrieben.
Beide sind Opfer; nur Ersteren für ein Opfer zu halten ist ein Irrtum.

***Bei der Untreue sind beide Partner Opfer, der, der sie erleidet, und der, der zu ihr getrieben wird, denn die sexuelle Befriedigung ist eine Notwendigkeit und daher ein berechtigter Anspruch.***

Und daraus folgt:

***Die wahre Liebestat ist nicht, sich zur Treue zu zwingen, sondern die erzwungene Untreue des anderen zu akzeptieren.***

Selbstverständlich heißt das noch lange nicht, dass Sie glücklich verheiratet sind und es ein Leben lang bleiben werden.
Vielleicht heißt es nur, dass Sie verheiratet sind und es ein Leben lang bleiben.
Es gibt aber einen Fall, in dem Untreue in einer glücklichen Ehe, die ein Leben lang hält, möglich ist.
Unter drei Bedingungen.

***Es kann in einer glücklichen Ehe, die ein Leben lang hält, Untreue geben, wenn beide eine Neigung zur Polygamie haben, wenn beide eine ausgeprägte sexuelle Libido haben und wenn beide die Untreue freiwillig und gleichermaßen akzeptieren.***

Dies ist die sogenannte »offene« Ehe.
Sie wird zwar von den Italienern immer noch als anormal betrachtet, aber von vielen Europäern und Nordamerikanern praktiziert.
Die erwachsene, also von Natur aus polygame Persönlichkeit beider Partner führt dazu, dass sie beide, obwohl sie sich auch gegenseitig befriedigen, das Bedürfnis verspü-

ren, in vollem Umfang und gänzlich frei ihre polygamen Tendenzen und ihre sexuelle Libido auszuleben.
Wie sagte doch die Signora zum Abschied, nachdem sie während der gesamten Dauer des Beisammenseins nicht ein Wort gesprochen hatte: »Sex ist pure Kommunikation.«
Und kommunizieren muss man.
Aber warum nur mit einer Person?
Wie man sieht, ist die Treue *optional*, wenn man glücklich verheiratet sein und es ein Leben lang bleiben will.
So wie ein Ferrari ein Ferrari bleibt, auch wenn man sich mal ein anderes Auto ausleiht.
Aber das muss gemeinsam entschieden werden.

***Die sexuelle Treue ist eine Option, für die man sich gemeinsam entscheiden kann oder nicht.***

Es gibt also zwei Möglichkeiten, sich glücklich zu verheiraten und es ein Leben lang zu bleiben:
Erstens: Treue mit gegenseitiger sexueller Befriedigung, die entweder auf romantischer Liebe beruht (für die erwachsene Persönlichkeit mit einem Hauch Kindlichkeit) oder das Ergebnis der totalen Hingabe beider ist (für die Eltern-Persönlichkeit).
Zweitens: Untreue mit gegenseitiger sexueller Befriedigung und beiderseitiger Ausübung einer freien Sexualität (entschieden und ausschließlich für die erwachsene Persönlichkeit).

Das Wichtige dabei ist, dass über Treue oder Untreue gemeinsam entschieden wird.
Sonst tritt das größte Unheil ein, das eine Ehe erleiden kann.
Die nicht akzeptierte und nicht gebeichtete Untreue.
Der Seitensprung!
Und folglich die *Eifersucht*.

# Eifersucht

Eifersucht hat in einer glücklichen Ehe, die ein Leben lang halten soll, nichts zu suchen.
Im Gegenteil, sie zerstört sie.

***Eifersucht kann eine Ehe zerstören.***

Eifersüchtig zu sein heißt, Salz in den *Caffè del Nonno* zu streuen.
Haben Sie schon mal salzigen Kaffee getrunken?
Seeleute empfehlen ihn als Mittel gegen Seekrankheit, um sich den Magen auszuleeren.
Früher oder später erleben es alle mal.
Das Salz im Kaffee, nicht die Seekrankheit.
Es gibt immer irgendeinen Blödmann, der auf die Salzdose nicht »Salz« schreibt.
Und es gibt immer irgendeinen Unglücksraben, der sie für die Zuckerdose hält.
Vielleicht sind Sie das.

Blödmann oder Unglücksrabe – suchen Sie sich einen aus.
Aber worin besteht die Eifersucht?
Darin, zu leiden, wenn der andere seine Aufmerksamkeit auf jemand anderen richtet.
Wenn die Eltern einem anderen Kind Komplimente machen, sind die eigenen Kinder sauer.
Sie wollen die Exklusivrechte.
Wie Immobilienmakler.
Aber wir können Exklusivrechte weder geben noch bekommen.
Wir sind keine Immobilienmakler.
Und nicht einmal Immobilienmakler *besitzen* das Objekt, an dem sie die Exklusivrechte haben.
In meinem Buch *Alla ricerca delle coccole perdute*[10] (»Auf der Suche nach den verlorenen Streicheleinheiten«) habe ich ein psychologisches Gesetz aufgestellt: *Niemand kann jemanden besitzen.*
Das Leben jedes Einzelnen ist *heilig,* und jeder macht aus seinem Leben, was er möchte.
Es ist das Einzige, was wir wirklich selbst besitzen.
Unser Leben.
Welches Recht hat ein anderer Mensch, und sei es auch der geliebte, uns nur so leben zu lassen, wie er es wünscht?
Wenn es ihm nicht gefällt, wie wir leben, bedeutet das, dass wir ihm nicht so gefallen, wie wir sind.

---

10 Verlag Ponte alle Grazie, Mailand 2004

Und dass er uns nicht wirklich liebt.
Und dass er also erst recht keinen Anspruch darauf hat, uns unser Leben vorzuschreiben.
Aber Eifersucht ist nicht nur Ausdruck von Egoismus und Gewalt.

***Eifersucht ist vor allem Ausdruck von Infantilität.***

Ein Kind hat tatsächlich einen gewissen Anspruch darauf, den anderen zu besitzen.
Seine Eltern.
Es darf exklusiv über sie verfügen.
Absolute Macht über sie ausüben.
Denn nur so kann es sich deren Hingabe, also deren ständiger Anwesenheit und fortwährender Unterstützung sicher sein, die das eigene Überleben gewährleisten.
Aber beim Erwachsenen kann so etwas leicht damit enden, dass man einen mumifizierten Leichnam zu Hause aufhebt, wie es der Protagonist in Alfred Hitchcocks bekanntem Film *Psycho* tut.
Ein schönes Beispiel für kompletten Wahnsinn.
Oder wie der verlassene Ehemann, der seine Frau und die gemeinsamen Kinder umbringt.
Weil er überzeugt ist, dass er ohne seine Mama (die Ehefrau) nicht überleben kann, tötet er sie aus Rache.
Wenn er ihretwegen sterben muss, dann soll auch sie sterben, der Grund für seinen Tod!

Und die Kinder?
Aber die Kinder sind nicht seine Kinder.
Es sind ihre Kinder.
Geschwister.
Rivalen.
Sie hat ihn ihretwegen verlassen.
Es ist also gerecht, dass auch sie sterben.
Was für ein Triumph, der Racheakt aus Eifersucht!
Wenn auch noch von Selbstmord gekrönt, ist er sogar ein Meisterwerk!
Wahnsinn.
Aber wenn Eifersucht Wahnsinn ist, was ist dann mit der sizilianischen Ehe, der Ehe par excellence, die nur auf italienische Art geschieden werden kann?
Bei ihr drehte sich alles um zwei Dinge, die das gesamte eheliche Leben und sogar das soziale Gefüge einer ganzen Insel bestimmten.
Treue und Eifersucht.
Je eifersüchtiger ein Mann war, desto mehr zeigte er damit seine Liebe.
Je treuer eine Frau war, desto mehr zeigte sie damit ihre Liebe.
Aber wir haben gesagt, dass beides, sowohl die Eifersucht als auch das Einfordern von Treue, kindliche Verhaltensmuster sind.
Hat das also zu bedeuten, dass die Sizilianer alle infantil sind?

Nein.
Es stimmt schon, dies sind infantile Verhaltensmuster.
Aber in der Zwischenzeit sind die Sizilianer erwachsen geworden.
Heute sind Eifersucht und Treue, vielleicht außer bei ein paar Hinterherhinkenden, nur noch eine folkloristische Begleiterscheinung.
Die den Touristen zuliebe demonstriert wird.
Aber auch den Sizilianern zuliebe.
Weil es schön ist, so zu tun, als sei man eifersüchtig, wenn man erst einmal verstanden hat, dass nicht der Sex, sondern die Liebe das Entscheidende ist, und wenn man die Sicherheit hat, zu lieben und geliebt zu werden.
Dann verschwindet das infantile Bedürfnis nach Kontrolle.
Dann verschwindet auch das Leiden, das die Eifersucht verursacht.
Aber es bleibt das Vergnügen an der Inszenierung, am Theater, das der echte Sizilianer niemals verlieren wird.
»Was haben Sie denn mit Ihrem Fuß gemacht?«
»Doktor, ich habe mir mit der Schrotflinte in den Fuß geschossen.«
»Und warum?«
»Weil ich auf dem Teppich ausgerutscht bin, als ich versucht habe, meine Frau zu erschießen, die ich mit einem anderen im Bett erwischt habe.«
»Und scheint Ihnen das besonders intelligent gewesen zu sein?«

»Nein, aber jetzt bin ich wieder jemand.«
»Und warum?«
»Weil es viele gibt, denen Hörner aufgesetzt wurden, aber Gehörnte, die humpeln, gibt es – in aller Bescheidenheit – nur einen, nämlich mich!«
Wie man sieht, treiben uns Sex und Eifersucht in den Wahnsinn.
Nur weil man nicht darüber spricht.
Weil es keinen *Dialog* gibt.

# Der Dialog

Das geistige Universum ist die zweite Schicht unserer Zwiebel.
Das *Manomaya Kosha.*
*Mano* bedeutet »Geist«.
Und tatsächlich tritt es gleich nach der ersten körperlichen Annäherung auf den Plan.
Nachdem sie zum ersten Mal miteinander im Bett waren (spätestens bei der zweiten Begegnung), sagt er meistens zu ihr: »Wie heißt du?«, oder: »War es schön für dich?«
Und sie sagt normalerweise zu ihm: »Und was hast du jetzt vor?«
Jedenfalls fängt man an diesem Punkt an, *geistig* zu kommunizieren.
Diese Art der Kommunikation wird von den meisten Frauen als die wahre betrachtet.
Deshalb machen sie auch übermäßigen Gebrauch davon – zum Leidwesen der Männer.
Alles Adams Schuld.

Als er zum Schöpfer sagte: »Mir ist langweilig. Erschaffe mir die Frau«, antwortete Er: »Wie willst du sie denn? Schön, intelligent, gutmütig, weise, liebevoll, treu, verliebt, freundlich, heiter und immer willig?«
»Genau so.«
»Dann musst du mir ein Auge, einen Zahn, ein Ohr und eine Hand von dir geben.«
»Und was kriege ich für eine Rippe?«, erwiderte der Mistkerl.
Der Schöpfer gab sich mit einer Rippe zufrieden, aber weil er eine Schwäche für die Frauen hatte (auch Er ist schließlich ein Mann), entfernte er nichts aus der ursprünglichen Liste.
Außer dem »immer willig«.
Doch Adam, ein Idiot wie viele seiner Nachkommen, war sich nicht im Klaren darüber, was ihn erwartete, als er das Attribut »intelligent« akzeptierte.
Das totale Palaver.
Weil Intelligenz sich an der Fähigkeit misst, Beziehungen mittels der *Sprache* herzustellen.
Es ist also ganz natürlich, dass Frauen mehr reden.
Um herauszufinden, dass das Sprachzentrum im Gehirn der Frau weiter entwickelt ist, hat der Mann Millionen von Jahren gebraucht.
Das allein beweist seine mangelnde Intelligenz.
Es hätte doch gereicht, das pausenlose Geplapper zu bemerken, das aus der Höhle drang.

Meiner Meinung nach war das ein subtiler Racheakt des Schöpfers.
Einstein hat das auch gesagt.
»Der Schöpfer ist nicht schlecht, er ist subtil.«
Eine Rippe!
Pah!
Selbst ein Metzger gibt einem Hund mehr als das!
Das geschah Adam recht!
Nur leider hat er uns mit reingeritten.
Wie andere nach ihm hat sich Adam nicht damit begnügt, nur sich selbst in Schwierigkeiten zu bringen.
Er hat auch alle anderen in Schwierigkeiten gebracht, die nach ihm gekommen sind.
Weil er nicht so intelligent war wie die Frauen, hat Adam es eben nicht besser gewusst.
Er hat es so gemacht wie der, den der Geist aus der Flasche aufforderte, einen Wunsch zu äußern.
Der Schwachkopf hat gesagt: »Ein Leben mit viel Vögeln.«
Dass er ein paar Geier verpasst gekriegt hat, die am Tag zweihundert Kilo Fleisch vertilgen, war nicht Schuld des Flaschengeistes, sondern des Schwachkopfs.
Fakt ist jedenfalls, dass der intellektuelle Austausch in einer Ehe wichtig ist.
Wenn er fehlt, beschweren sich naturgemäß eher die Frauen darüber.
Oft wählen sie sogar einen Mann wegen seiner (vermuteten) Intelligenz.

Was völlig natürlich ist, wenn man bedenkt, dass wir uns von den Affen zu denkenden Wesen entwickelt haben.
Und manchmal lässt uns unsere Intelligenz eher überleben als körperliche Kraft.
Dies gilt natürlich nur für die europäische und nordamerikanische Kultur.
Versuchen Sie mal einer Frau in den Favelas von Rio de Janeiro oder in der afrikanischen Savanne zu erklären, dass sie drei Doktortitel haben, und sehen Sie dann, ob sie Sie wirklich einem Landsmann vorzieht, der Ihnen den Kopf zerquetschen kann wie eine Haselnuss.
In Wahrheit ist das, was die Frau im Mann sucht, die Fähigkeit, seine Umwelt zu dominieren.
Denn das macht es wahrscheinlicher, dass sie von ihm versorgt und beschützt werden kann.
Sie und ihre Kleinen.
Für die Europäer und die Nordamerikaner besteht die Umwelt aus Internet, Wirtschaft, Technik und sozialer Kompetenz.
Alles Software.
Das geistige Universum.
Deshalb sucht die Europäerin beim Mann die Intelligenz.
Oft erobert der Mann in diesen Ländern die Frau mit seinen ausgeklügelten Argumenten, seiner Kultur, seinen kreativen Einfällen, seiner Fantasie, vielleicht sogar mit seinen Gedichten.

Aber dann enttäuscht er sie in der Ehe, weil er gar nichts mehr sagt.
Ich kenne kaum einen Mann, der seiner Frau nach der Hochzeit noch Gedichte vorgelesen oder auch nur von ihnen gesprochen hätte.
Geschweige denn welche geschrieben.
»Er war so voller Ideen vor der Heirat, er hatte so viel zu erzählen, war so fantasievoll, so kommunikativ, wir haben stundenlang am Telefon geredet, und jetzt, wo wir verheiratet sind, redet er kaum noch mit mir!«
»Haben Sie etwas zu Ihrer Verteidigung zu sagen?«, frage ich ihn.
»Nichts.«
Vor der Hochzeit fragte die Frau den sardischen Schafhirten (immer noch derselbe): »Hast du mich lieb?«
Am Abend, bevor er starb, im Krankenhaus, antwortete er ihr: »Ja.«
Die sardischen Schafhirten sagen alles, was sie ihren Frauen zu sagen haben, in den beiden ersten Tagen ihrer Ehe.
Nein, man muss den Dialog fördern.
Man muss ihn erhalten und ihm Nahrung geben.
»Was hältst du von der aktuellen weltwirtschaftlichen Situation, Liebste?«
Diese Frage stellt man besser nach dem Mittagessen.
Denn wenn sie daraufhin vom Hunger auf der Welt spricht, haben Sie wenigstens schon gegessen.
»Erscheint es dir gerecht, Liebster, dass die USA Milliarden

in irgendwelche nutzlosen Weltraum-Schutzschilde investieren, aber nicht mal einen einzigen Dollar übrig haben, um die Lepra in der Welt zu kurieren?«
Dies am besten nach dem Abendessen, damit man danach mit einem schlechten Gewissen ins Bett geht, weil man nichts unternimmt, um Tausende Menschen von der Lepra zu heilen, und dann noch von ihnen träumt.
Dass diejenigen das schlechte Gewissen für andere mit übernehmen, die sich lieber um nichts kümmern, liegt im physikalischen Gesetz der kommunizierenden Röhren begründet.
Oder: »Ist dir aufgefallen, was die Moderatorin von gestern Abend für einen Superhintern hatte, Liebes?«
Dies hier lieber zum Frühstück, denn diese Bemerkung am Abend könnte fatale Folgen für ihre ohnehin schon minimale nächtliche Zugänglichkeit haben.
Oder: »Hast du gesehen, Liebster, wie sich diese schamlose, total geliftete Moderatorin gestern aufgeführt hat? Als wäre sie in meinem Alter, dabei ist sie mindestens doppelt so alt!«
Das hier geht zu jeder Tageszeit, denn er wird ihr niemals widersprechen.
Das letzte Mal, als er das versucht hat, hat sie sich ihm einen Monat lang verweigert.
Und so weiter.
Also, der Dialog.
In so etwas, wie oben geschildert, sollte sich der Dialog nicht erschöpfen.

Alles, was nur der banalen Familienroutine entspringt, reicht als Kommunikation nicht aus.
»Hast du die Windeln für die Kleinen gekauft, Liebling? Sie sind nämlich alle, weißt du, und in mein winziges Stadtauto passen diese riesigen Watteteile einfach nicht rein.«
Oder: »Hast du den Jungen zum Katechismus-Unterricht gebracht, Liebes? Du weißt, ich möchte nicht, dass er ein Atheist wie Bertinotti[11] wird!«
Oder: »Die Frau in der Wohnung über uns ist mir den ganzen Morgen auf dem Kopf herumgetrampelt. Du musst mal mit ihrem Mann Klartext reden. Die sollte man an ihrem Stuhl festbinden, die alte Schreckschraube!«
Oder auch: »Du darfst den Wasserhahn vom Bidet nicht immer nach oben gerichtet lassen, meine Liebe, bei den neunzig Grad, die das Warmwasser dank deinem lieben Vermieter immer hat. Ich habe mir jetzt schon zum zweiten Mal das Gesicht verbrüht.«
Und so weiter.
Sicher, das sind ernste und wichtige Angelegenheiten.
Und es ist notwendig, darüber zu reden.
Aber nur *darüber* zu reden macht noch keinen Dialog aus.
Das ist seelische Grausamkeit.
Nach dem Motto: »Ich verstehe das nicht, Liebling. Wie machen die Parodis das nur? Die haben zwei Autos, ein

11 Fausto Bertinotti, italienischer kommunistischer Politiker (Anm. d. Übers.)

Ferienhaus in Limone, und sie läuft im Pelz rum. Dabei verdient der auch nicht mehr als ich.«
»Ach, das weißt du gar nicht, mein Schatz? Sie verdient was dazu!«
»Ach ja? Weißt du, was ich dazu sage? Ich lasse dich auch ein bisschen was dazuverdienen!«
Der echte Dialog bezieht sich auf die *eigene Beziehung*.

***Der echte Dialog besteht nicht darin, über die Weltpolitik oder Alltagsdinge zu reden, sondern über die persönlichen Angelegenheiten als Paar.***

»Wir müssen da über etwas reden: Der Sex zwischen uns beiden ist nicht mehr so toll. Wie kommt das deiner Meinung nach?«
»Ich fühle mich nicht begehrt. Du zeigst mir deine Liebe nicht.«
»Mir geht es genauso.«
»Dann gibt es also ein Missverständnis zwischen uns, das wir klären müssen. Ich begehre dich nämlich.«
»Ich dich auch. Dann lass uns mal was dagegen unternehmen.«
Das ist Dialog.
Giggia und Giuan taten es stundenlang und riefen sich dabei beim Namen.
»Giggia!«
»Giuan!«

»Giggia!«
»Giuan!«
»Giggia!«
»Giuan!«
»Giggia!«
»Giuan!«
Bis sie erschöpft, aber glücklich einer in den Armen des anderen einschliefen: »Mensch, heute Nacht haben wir uns aber wieder verdammt gut unterhalten, oder?«
Das ist Dialog.
Mehr als das.
Das ist *Zärtlichkeit*.

## Zärtlichkeit

Das emotionale Universum unterscheidet sich deutlich von den beiden anderen.
Denn von den drei Universen ist das emotionale am leichtesten und gleichzeitig am schwierigsten zu leben.
Am leichtesten in Gang zu setzen, aber am schwierigsten aufrechtzuerhalten.
Wie das Feuer in der Antike.
Um im emotionalen Universum zu kommunizieren, braucht man die anderen beiden Universen nicht.
Man kann niemals Sex haben und kein Wort miteinander reden und doch Zärtlichkeit füreinander empfinden.
Ich habe gesehen, dass Ehen, die allein auf einem gegenseitigen Gefühl von Zärtlichkeit basierten, ohne Dialog und ohne Leidenschaft ein Leben lang gedauert haben.
Aber das sind keine wirklich glücklichen Ehen.
Es fehlt etwas.
Die Partner kleben aneinander.

Wie sie auch aneinanderkleben, wenn die Ehe auf einem *gemeinsamen Glauben* beruht.
Zugegebenermaßen ein guter Kleber.
Die Zärtlichkeit, genau wie der gemeinsame Glaube, ist ein echter Ehe-Pattex.
Sie ist wie das Stahlgerüst in einem Betongebäude.
Mit der Zeit mag der Beton beginnen zu bröckeln, aber das Stahlgerüst fällt nie zusammen.
Nicht einmal bei einem Erdbeben.
Das Gebäude mag zusammenbrechen, aber das Gerüst bleibt stehen.
Es ist vielleicht nicht mehr richtig bewohnbar, ähnelt aber immer noch einem Gebäude.

***Eine ausschließlich auf Zärtlichkeit oder einen gemeinsamen Glauben gegründete Ehe kann zwar keine völlig glückliche sein, aber sie kann ein Leben lang halten.***

Es gibt viele Leute, denen es völlig egal ist, ob ihre Ehe glücklich ist oder nicht.
Entscheidend für sie ist, dass sie ein Leben lang hält.
Aber was ist Zärtlichkeit?
Mit wem sind wir normalerweise zärtlich?
Wem schenken wir ganz automatisch unsere Zärtlichkeit?
Ohne Vorbehalte?
Na, den Babys natürlich.

Ich habe Leute im zärtlichen Umgang mit den Jungen von Krokodilen und sogar von einer Boa constrictor beobachtet.
Sie machten »kille-kille« auf ihren Bäuchlein, um ihre Verdauung anzuregen, kurz nachdem sie eine weiße Maus aus dem Zoofachgeschäft an sie verfüttert hatten.
Für die Maus empfanden sie keine Zärtlichkeit.
Warum nicht?
Weil sie erwachsen war.
In Gegenwart eines Jungen, und sei es das eines Elefanten (Gewicht: zwei Doppelzentner), schmelzen wir vor zärtlichen Gefühlen dahin wie Eis in der Sonne.
Warum?
Weil das in uns einen Instinkt auslöst.
Den *Eltern*instinkt.

***Zärtlichkeit lässt unseren Elterninstinkt zum Vorschein kommen.***

Für die Frauen ist das natürlich noch naheliegender.
Tatsächlich sind es meistens Frauen, die verwahrloste Katzen, ausgesetzte Hunde, verletzte Spatzen und halb erstickte Goldfische einsammeln und pflegen.
Das heißt nicht, dass Männer keine Zärtlichkeit kennen.
Sie haben sie auch, nur eben etwas weniger.
Aber sie haben sie auch.
Man muss sie natürlich in ihnen *hervorrufen* können.

Wenn man Zärtlichkeiten will, muss man sie hervorrufen. Man muss zum Baby werden.

***Um Zärtlichkeit hervorzurufen, muss man zum Baby werden.***

Niemand, nicht einmal ein Mann, kann einem kleinen Tier widerstehen, das sich ihm in seiner ganzen Schwäche zeigt.

***Das Geheimnis, um Zärtlichkeit hervorzurufen, besteht darin, die eigene Schwäche zu zeigen.***

Manche Frauen sind in dieser Disziplin wahre Meisterinnen.
Sie lassen sich Lampen montieren, Wasserhahndichtungen auswechseln, Schränke verrücken und Formulare ausfüllen, indem sie einfach mit den Augen klimpern und mit zarter Stimme sagen: »Ich kann es einfach nicht.«
Und dann zahlen sie nicht einmal die Rechnung.
Und wenn doch, dann zahlen sie in natura, aber nur aus freien Stücken.
Wer weiß, warum diese Art Frauen von denen verachtet wird, die selbst, wenn sie einen Dolch in der Brust stecken haben, noch sagen: »Kümmer dich um deinen eigenen Scheiß.«
Vielleicht sind sie noch nicht auf die Idee gekommen, dass sie ihre Rechnungen nicht zahlen müssten.
Aber auch Männer sind zu so etwas in der Lage.

Zwar lassen sie sich keine Lampen montieren, Wasserhahndichtungen auswechseln, Schränke verrücken und Formulare ausfüllen, denn es ist praktisch unmöglich, Frauen zu finden, die das können.
Auch in natura zu zahlen kommt nicht infrage, denn dann würden sie als Triebtäter beschimpft werden.
Und wenn Prostitution keine Straftat ist, sexuelle Gewalt ist es.
Auch wenn sie nur eingebildet ist.
Aber auch Männer können ihre Schwächen eingestehen und zeigen und damit bei Frauen Zärtlichkeit hervorrufen, genau wie die Frauen.
Frauen schätzen solche Männer sogar sehr.
Sie finden sie menschlicher.
Oder sagen wir es frei heraus, sie finden sie richtig menschlich.
Im Gegensatz dazu, was sie normalerweise über Männer denken.
Wir müssen diesen Instinkt also bewusst einsetzen und ihn uns in der Ehe zunutze machen, um ein Leben lang glücklich verheiratet zu sein.
Man braucht dazu nur sich selbst als Junges zu zeigen und auch den anderen als Junges zu sehen.
Natürlich nicht immer.
Sonst verwandelt sich die Ehe in einen Kindergarten.
Aber sich von Zeit zu Zeit kindlich zu benehmen ist eine schöne und unterhaltsame Sache.

Das Spielerische gehört zum Paarsein dazu, es ist nichts dagegen einzuwenden.
Man sollte es vielleicht nur nicht in der Öffentlichkeit tun, weil man dann sehr leicht minderbemittelt wirkt.
Prinz Charles und Camilla tun es andauernd.
Kindisch sein, natürlich, nicht minderbemittelt wirken.
Wahrscheinlich tun sie es auch, wenn keiner dabei ist, sonst kann man sich dieses Verhalten nicht erklären.
Es ist der kindische Anteil in uns, den wir zum Vorschein kommen lassen sollten, wenn der Moment es verlangt.
Wenn man in Schwierigkeiten ist, wenn man etwas falsch gemacht hat, wenn man schwach ist oder leidet.
Und je mehr der andere in Schwierigkeiten ist, je mehr er falsch macht, je schwächer er ist, je mehr er leidet, desto mehr müssen wir in der Lage sein, ihn als ein Junges zu sehen, das Hilfe und Schutz benötigt.
»Lass mich in Ruhe« zu sagen, wenn es Ihnen schlecht geht, ist ein Fehler.
Genauso ist es ein Fehler, sich so helfen und bedienen zu lassen, als sei der andere ein professioneller Arzthelfer, eine Krankenschwester oder eine rumänische Altenpflegerin.
Oder die Hilfe mit Strenge und Gewalt einzufordern.
Gewalt ruft keine Zärtlichkeit im anderen hervor.
Wenn ein Krokodil, und sei es ein Junges, Ihnen einen Arm abbeißt, machen Sie nicht »kille-kille« und streicheln ihm den Bauch, um seine Verdauung anzuregen.
Sie versetzen ihm mit dem Arm, der Ihnen geblieben ist,

einen Schlag aufs Maul, und wenn Sie es schaffen, rammen Sie ihm einen gegabelten Pfahl in den Schlund, damit es so lange wie möglich außer Gefecht bleibt.
Und dann bringen Sie es in den Zoo und lassen ihm alle Zähne rausreißen.
Ohne Betäubung.
Fall Sie vorher nicht schon verblutet sind.
Aber wenn Sie nach Hause kommen und Ihren Mann armlos und verblutend vorfinden und er Ihnen erzählt, dass Cirillo, Ihr kleines Krokodilchen, das getan hat, sollten Sie nicht mit Cirillo schimpfen.
Sondern Ihrem Mann beistehen.
Nicht, indem Sie ihm mit dem Bügeleisen den Armstumpf veröden.
Sondern, indem Sie ihm gut zureden, bis der Notarzt kommt.
Den zu rufen Sie hoffentlich die Geistesgegenwart hatten, angesichts der Tatsache, dass er mit einem Arm wohl Schwierigkeiten gehabt haben dürfte, es selbst zu tun.
Sie müssen es machen wie die Helferinnen vom Roten Kreuz.
Die ja nicht nur Krankenschwestern sind.
Sie sind auch Priesterinnen, Beichtschwestern, tröstende Engel.
»Du wirst schon sehen, Liebling, du wirst den Arm nicht verlieren. Sie nähen ihn dir wieder an.«
»Ob das die Kasse zahlt?«

»Natürlich zahlt die Kasse das, aber wenn du deinen Arm behalten willst, dann pöbelst du diesmal besser nicht im Krankenhaus herum.«
Das ist Zärtlichkeit.
Aber um zärtlich sein zu können, muss man sich wie *Eltern* benehmen können.
Und das ist ein Problem.
Sind Sie in der Lage, sich wie Eltern zu benehmen?
Haben Sie die nötige *Reife*, die Ihnen das erlaubt?

# Reife

In meinem bereits erwähnten Buch *Alla ricerca delle coccole perdute* benenne ich drei in uns angelegte Entwicklungsstadien: das des Kindes, das des Erwachsenen und das der Eltern.

In der Natur entwickeln wir uns von einem zum nächsten.

Auf der unbewussten Ebene entsprechen diesen Stadien ebenso viele *Selbstbilder*.

Also auch in der eigenen Erinnerung.

Diese drei Entwicklungsstadien haben ganz unterschiedliche Charakteristika.

Das Kind kann alleine nicht überleben und hat deshalb das fortwährende Bedürfnis nach Unterstützung durch die anderen.

Der Erwachsene hat gelernt, alleine zu überleben, ist also unabhängig von den anderen, kümmert sich aber nicht um andere, da er noch zu sehr damit beschäftigt ist, sein eigenes Überleben zu sichern.

Im Elternstadium ist man so erfahren darin, das eigene

Überleben zu sichern, dass man sich auch um das Überleben der anderen kümmern kann.
Solange der kleine Löwe noch ein Junges ist, hängt sein Überleben von seinen Eltern ab.
Von der Mutter entwöhnt, von den Eltern in die Kunst der Jagd eingewiesen und dann sich selbst überlassen, erschließt er sich ein eigenes Jagdrevier und sichert sich selbst das Überleben.
Seinerseits Vater geworden, widmet er sich seinem eigenen Überleben und dem seiner Kleinen.
Natürlich sind es bei den Löwen – wie sonst üblicherweise auch – die Weibchen, die sich um den Nachwuchs kümmern.
Aber während sich die elterliche Aufgabe bei den Tieren im Nähren und Beschützen erschöpft, kommt bei den Menschen noch die emotionale Dimension hinzu.
Und es entsteht Liebe.
Liebe ist in erster Linie *Hingabe.*
Aber nur als Vater oder Mutter ist man der Hingabe fähig.
Nur Eltern sind liebesfähig.

***Die Liebe ist eine elterliche Eigenschaft.***

Weder Kinder noch Erwachsene verstehen es zu lieben.
Weder die einen noch die anderen widmen sich anderen.
Wie soll man also eine Ehe führen, wenn man sich anderen nicht widmen kann?

Wenn man nicht lieben kann?
Wenn man nicht fähig ist, Vater oder Mutter zu sein?

***Man kann sich nur dann glücklich verheiraten und es ein Leben lang bleiben, wenn man Vater oder Mutter sein kann.***

Wenn man eine eigene *psychologische Reife* entwickelt hat.
Natürlich gilt das für beide.
Einer allein reicht nicht aus.
Weil das systematisch dazu führt, dass der eine nur noch die Elternrolle spielt und der andere nur noch die des Kindes.
Diese Rollen sollte man aber abwechselnd einnehmen können, je nach den Bedürfnissen des einen und des anderen.

***Zu heiraten ohne die Fähigkeit, Vater oder Mutter zu sein, ist der sicherste Weg, um sich unglücklich zu verheiraten und es ein Leben lang zu bleiben.***

Ein Bursche, der mit seinem Mofa durch die Straßen knattert, oder ein Halbstarker, der mit seinem frisierten Auto über rote Ampeln braust, ist keine gute Partie.
Sie können nette Kerle sein, aber sie haben keine Elterneigenschaften.
Aber auch ein Doktorand oder ein promovierter Arbeitsloser, der sich von den Eltern aushalten lässt und seine

Nachmittage vor dem Computer verbringt oder mit Kopfhörern in den Ohren herumhängt, ist keine gute Partie.
Heiraten Sie ihn nur, wenn Sie möchten.
Wenn er Sie geschwängert hat oder Sie beim Sex Sterne sehen lässt oder Sie überzeugt sind, dass er die perfekte Kopie Ihres Lieblingsplüschtiers im Großformat ist.
Aber beschweren Sie sich dann nicht, wenn er Sie abends mit dem Baby allein lässt und mit seinen Freunden (oder Freundinnen) in die Disko geht.
Dann ist er noch nicht oft genug dort gewesen, um zu begreifen, dass es ein Ort für Irre ist.
Vielleicht muss er noch zehn Jahre hingehen, bis er es kapiert.
Und erst, wenn er es kapiert hat und verstanden hat, dass die wichtigen Werte im Leben die Arbeit, die Ehe und die Familie sind, können Sie ernsthaft in Betracht ziehen, ihn zu heiraten.
Erst, wenn er *Elterneigenschaften* entwickelt hat.
Aber auch erst, wenn auch *Sie* Elterneigenschaften entwickelt haben.
Zu heiraten, um sich beschützen, verteidigen und verwöhnen zu lassen oder um seine Socken gewaschen und Hackbraten serviert zu bekommen, ist die größte Dummheit.
Dann kann man auch gleich bei seinen Eltern bleiben.
Die kriegen das alles sogar besser hin als eine Ehefrau oder ein Ehemann.

Das Problem ist, dass es fast keine Erwachsenen mit Elterneigenschaften gibt.
Die wenigen, die es gibt, werden heiliggesprochen.
Aber warum ist das so?
Weil wir unsere Kinder zu Hause behalten, bis sie 35 sind und sie noch Kinder sind, wenn sie heiraten.
Und dann beschweren wir uns, dass die Ehen nicht glücklich sind und nicht ein Leben lang halten!
Das ist so, als wenn man im Feuerwehranzug und mit Megafon ausgestattet auf die Jagd geht und sich dann wundert, wenn man auch nicht den kleinsten Vogel erlegt.
Die Aufgabe der Eltern besteht nicht nur darin, den Nachwuchs zu nähren und zu schützen.
Das ist nur der Anfang.

***Die Hauptaufgabe des Elternseins besteht nicht darin, seine Kinder zu ernähren und zu beschützen, sondern darin, ihnen beizubringen, wie sie sich selbst ernähren und schützen können.***

Die Mutter, die bis zum Morgengrauen wach bleibt, weil sie darauf wartet, dass ihr Sohn aus der Disko nach Hause kommt, ist keine gute Mutter.
Der Vater, der in die Schule seines Kindes geht, um dessen Mitschüler zu beschuldigen, weil er ihm den Füller geklaut hat, ist kein guter Vater.
Die Eltern, die einen Lehrer beschuldigen, ihren Sohn be-

straft zu haben, weil er ihn dabei erwischt hat, wie er einer Klassenkameradin die Hosen heruntergezogen hat, sind keine guten Eltern.
Sie sind bockige Kinder.
Unfähig, ihre eigenen Kinder in die Lage zu versetzen, alleine zurechtzukommen.
Einfach, weil sie selbst nicht dazu in der Lage sind.
Und normalerweise behalten sie sie so lange zu Hause, bis es zu spät ist.
Kinder fürs Leben.
Vielleicht mit zwei Studienabschlüssen.
Es scheint, als liebten ihre Eltern sie sehr, aber das ist keine Liebe.
Aber was ist *Liebe*?

# Liebe

Unsere Großeltern pflegten zu sagen: »*L'amour, l'amour, toujours l'amour.*«
Was beweist, dass unsere Großeltern im Gegensatz zu uns Französisch konnten.
Aber im Ernst, wer heiratet nicht aus Liebe?
Oder besser, wer möchte nicht aus Liebe heiraten?
Aber was *ist* Liebe?
Dies ist keine banale Frage.
Von tausend Personen wissen mindestens 999 darauf keine Antwort.
Wenn einer antworten kann, dann weil er im Wörterbuch nachgesehen hat.
Aber wer läuft schon mit dem Wörterbuch in der Tasche herum?
Nur ein Irrer.
Davon abgesehen ist unser Wortschatz begrenzt.
Das Wort *Liebe* zum Beispiel bezeichnet viele verschiedene Gefühle.

Im Sanskrit gibt es mehrere Worte, um die verschiedenen Arten der Liebe zu bezeichnen: die Liebe zu den Kindern, den Eltern, den Freunden, dem Göttlichen, dem Sexualpartner etc.
Folgende Definition hingegen liefert uns das Wörterbuch: »*Liebe*: intensives Gefühl der Zuneigung, tiefe Neigung zu etwas oder jemandem.«
Dabei sind das zwei verschiedene Dinge.
»Tiefe Neigung zu jemandem« könnte genauso gut die Pädophilie beschreiben.
Kinder zu heiraten scheint mir jedoch ehrlich gesagt nicht angebracht zu sein.
Wenn Sie bei den Kleinanzeigen der einsamen Herzen lesen: »Verheiratet mit Kind«, seien Sie auf der Hut.
Entweder ist derjenige dumm oder pervers.
Wir riskieren schon genug damit, Leute zu heiraten, die erwachsen *scheinen*, in Wirklichkeit aber Kinder sind.
Wenn wir uns dann auch noch ganz *offensichtlich* an Kinder ranmachen, heißt das, dass wir uns und ihnen wehtun wollen.
Mit dieser Definition können wir also nichts anfangen.
Die andere Definition, »intensives Gefühl der Zuneigung«, klingt schon besser.
Aber was ist Zuneigung?
Jetzt stehen wir wieder am Anfang.
Begierde?
Erwartung?

Hingabe?
Pah!
Wir müssen das klären.
Klar ist schon mal, dass es bei der Liebe um ein Interesse an einer anderen Person geht.
Aber welche Art Interesse?
Wenn es sexueller Art ist, handelt es sich um *geschlechtliche Liebe*.
Verstehen wir uns richtig, an der geschlechtlichen Liebe zu jemandem ist überhaupt nichts Schlechtes.
Die Natur legt sehr viel Wert auf diese Art Liebe.
Sie pfeift sogar auf die anderen Arten der Liebe.
Der Natur ist es völlig wurscht, ob der- oder diejenige, mit dem Sie ins Bett gehen, Ihnen sympathisch oder unsympathisch ist, Ihnen egal ist oder Sie die Englein singen hören lässt.
Der Natur, präziser gesagt, der *Spezies*, ist nur wichtig, *dass* Sie mit jemandem ins Bett gehen.
Vergessen Sie nicht, dass die entscheidende biologische Einheit die *Spezies* ist, nicht das Individuum.
Um das zu verstehen, muss man keine Ameise oder Wespe sein.
Das mag unangenehm sein, aber so ist es.
Die Realität wird von der Biologie bestimmt, nicht vom Geist.
Also ist die geschlechtliche Liebe durchaus eine Form der Liebe.

Und wenn das Interesse ein *intellektuelles* ist, welche Art Liebe ist das?
Goethe nannte sie »Wahlverwandtschaft«.
Viele Frauen (und manche »seltsamen« Männer) pflegen solche »Wahlverwandtschaften«.
Nicht selten sieht man verheiratete Frauen, die nicht mit ihren Männern (die davon total gelangweilt sind), sondern mit »einem Freund« in Konzerte, Vorlesungen und Programmkinos gehen.
Den sie als schwul durchgehen lassen.
Sie haben keinen Sex miteinander.
Nur einen wunderschönen, tiefgehenden, intensiven intellektuellen Austausch.
Denn *er* versteht sie.
Er weiß gute Musik, gute Literatur, gutes Kino zu schätzen.
Nicht wie ihr grobschlächtiger Mann, der sich für nichts interessiert als seinen Teller voller Pasta und das Vögeln.
Aber ist das nicht etwa auch Betrug?
Warum »ja«, wenn Sex involviert ist, und »nein«, wenn der Geist?
Vielleicht ist das Geschlecht wichtiger als der Kopf?
Für die Männer auf jeden Fall.
Das ist bekannt.
Aber für die Frauen muss das nicht so sein.
Auch der Kopf isst mit.
Wie das Auge.

Das sagte auch Polyphem, als er sich den einen Gefährten des Odysseus in den Mund steckte und den anderen ins Auge.

»Das Auge isst mit.«

Aber wenn die Anziehung *emotionaler* Art ist, ist das nicht auch Liebe?

Das kann man wohl sagen!

Hundertprozentig ja.

Aber was ist denn die Liebe nun?

Geschlechtliche Liebe, geistige Liebe oder emotionale Liebe?

Platon hat sich über diese Fragen lange den Kopf zerbrochen.

Und der war nicht blöd.

Er litt unter Migräne, aber blöd war er nicht.

Er hat praktisch nichts anderes gemacht, als über diese Dinge nachzudenken.

Er hat zwei Bücher darüber geschrieben, das *Symposion* und den *Phaidros*.

Eigentlich drei, wenn man den *Lysis* mit einrechnet, der von einer anderen Form der Liebe spricht: der Freundschaft.

Platon erklärte, die Liebe gründe im Wunsch nach Schönheit.

Für ihn hatte das sicher seine Gültigkeit, er interessierte sich ja für griechische Jungs.

Und die waren sicher sehr schön.

Aber wie gehen wir heute damit um?

Schafft ihr es, ihr einsachtzig großen und käseweißen Bohnenstangen, euch in eine einsvierundfünfzig kleine rabenschwarze Frau mit üppigem Popo zu verlieben?
Und schafft ihr es, ihr einsvierundfünfzig kleinen rabenschwarzen Frauen mit üppigem Popo, euch in eine einsachtzig große, käseweiße Bohnenstange zu verlieben?
Warum sagt man: »Kaufe deines Nachbarn Rind und freie deines Nachbarn Kind«?
Eben darum.
Ich habe nur sehr wenige Multikulti-Ehen gesehen, die ein Leben lang hielten.
Außer denen mit asiatischen Frauen.
Die asiatischen Frauen sind fantastisch.
Sie tragen dich zu Grabe und beerdigen dich.
Und beerben dich natürlich.
Mit ihnen kann man wirklich ein Leben lang glücklich verheiratet sein.
Nicht *ihr* Leben lang.
*Dein* Leben lang.
Die asiatischen Frauen werden von Kind an dazu erzogen, den Männern zu dienen.
Also kostet sie das keine große Mühe.
Die Feministinnen verachten sie natürlich.
Aber das kümmert sie nicht, sie schnappen sich einfach die besten Partien und linken damit die Feministinnen.
In den USA sind fast alle reichen und bedeutenden Männer mit asiatischen Frauen verheiratet.

Aber was ist denn nun die Liebe?
Wenn sie nicht nur körperlich ist oder geistig oder emotional, was ist sie dann?
Na, alles drei, natürlich.
Wir haben gesagt, dass Liebe in erster Linie *Anziehung* ist.
Es geht also um körperliche, geistige und emotionale Anziehung.
Aber was ist Anziehung?
Anziehung bedeutet: »Ich mag ihn/sie.«
Das ist Liebe.
Ich mag ihn/sie.
Wir sagen ja auch: »Ich liebe Blumen«, »Ich liebe Tiere«.
Was wir damit meinen, ist: »Ich mag Blumen«, »Ich mag Tiere«.
Und im Falle einer Person?
»Ich mag sie« bedeutet vor allem: »Ich schätze und achte sie.«

***Zu lieben bedeutet vor allem, zu schätzen und zu achten.***

Wenn die Achtung endet, endet auch die Liebe.
Aber dies ist immer noch die *allgemeine* Liebe.
Wichtig, aber allgemein.
Man braucht sie, um glücklich verheiratet zu sein und es ein Leben lang zu bleiben, aber sie allein reicht nicht aus.
Es gibt noch eine andere, noch wichtigere Liebe.
Die großgeschriebene LIEBE.

# Die großgeschriebene LIEBE

Was ist die großgeschriebene LIEBE?
Die *romantische Liebe*, natürlich.
Die Liebe eines Catull, eines Dante, eines jungen Ortis.
Sie ist in erster Linie ein *literarischer Topos*.
Aber nicht nur.
Sie ist auch ein *seelischer Zustand*.
Die *Verliebtheit*.
Aber worin besteht das Verliebtsein?
In der *Idealisierung* eines Menschen.
In unserer Vorstellung nimmt dieser Mensch eine wundervolle, außergewöhnliche, geradezu übernatürliche, fast göttliche Gestalt an.
*»Vom Himmel mocht sie wohl herniedersteigen – Ein Wunderwerk erstand in ihr zum Leben.«* (Dante: *Das neue Leben*)[12]
Und so begeistern wir uns für diesen Menschen.

12 Zitiert aus: *Die unbekannten Meister – Dantes Werke,* hrsg. von Albert Ritter, Gustav Grosser Verlag, Berlin 1922, S. 45.

Aber warum haben wir es nötig, einen anderen Menschen zu idealisieren?

Ganz offensichtlich deshalb, weil wir es alleine nicht vermögen, uns unser Glück und unsere Geborgenheit zu erschaffen.

Wir brauchen jemanden, der uns trägt, unterstützt, verteidigt, beschützt.

Wir brauchen also einen Vater oder eine Mutter oder beides.

Und wenn es ein *göttliches* Elternteil ist, umso besser.

Dann sind wir beruhigt.

Also?

Also ist das Verliebtsein ganz offensichtlich ein *kindlicher* Zustand der Psyche.[13]

Klar, es ist sehr schön für ein Kind, ein Elternteil zu finden, das ihm ein für alle Mal all seine Probleme löst.

Ein Elternteil, das alles kann.

Ein übermenschliches Elternteil.

Es zu finden ist das vollkommene Glück.

Natürlich hätte man es gern 24 Stunden am Tag zu seiner Verfügung.

Aber wenn es nicht da ist, welch eine Qual!

Welche Ängste!

---

13 Dies meint auch Francesco Alberoni, siehe sein Buch: *Verliebt sein und lieben,* Deutsche Verlags Anstalt, Stuttgart 1983.

*Wenn du mich verlässt,*
*erscheinst du mir nicht mehr wirklich,*
*und ich verliere dich,*
*und hinter meinem traurigen Lächeln*
*verberge ich eine Schlucht aus Angst.*
*Und wenn ich dich wiedersehe,*
*ist es, als sähe ich dich*
*zum ersten Mal.*
*Aber wenn du mich verlässt,*
*erscheinst du mir nicht mehr wirklich.*[14]

Und wenn sie da ist, an deiner Seite!
Das Paradies!
Das ist das Verliebtsein.
Das Paradies!
Eine fantastische Sache.
Solange Er oder Sie an deiner Seite ist.
Na ja, aber irgendwann wird man erwachsen.
Und man braucht keine Eltern mehr.
Man kann sich sein Glück selbst einrichten.
Aber wenn man heiratet, wenn man seine zweite Hälfte findet, mit der man sein Leben verbringen will, na ja, ein bisschen von dem fantastischen Gefühl will man aber doch behalten, oder?

---

14 Dieses Gedicht schrieb ich mit 15 Jahren, also als ich noch ein Kind war.

Und deshalb braucht man ein kleines bisschen davon, nicht viel, aber eine kleine Dosis von diesem bisschen, um sich glücklich zu verheiraten und es ein Leben lang zu bleiben.
Ein bisschen müssen wir den anderen idealisieren.
Denn sonst werden wir ihn früher oder später nicht nur wie einen ganz gewöhnlichen, banalen Menschen sehen, sondern wie eine stinklangweilige Zimmerpflanze.
Wir sollten den anderen aber sehen wie einen Engel, der vom Himmel herabgestiegen ist (sie) oder wie einen Ritter in silberner Rüstung (ihn).
Und jedes Mal spüren, wie unser Herz schlägt, wenn wir ihm begegnen.
Mein Vater hat meiner Mutter sein Leben lang Gedichte geschrieben.
Er hat im ganzen Haus kleine Zettel mit gereimten Versen verteilt, die an meine Mutter gerichtet waren.
In denen er sie als »seine kleine Feenfrau« beschrieb.
Meine Mutter war aber keine kleine Feenfrau.
Sie war von entwaffnender Nüchternheit und sehr bodenständig.
Aber er sah sie so.
Er schrieb ihr das letzte Gedicht am Tag, bevor er starb.
Mein Vater war mit meiner Mutter ein Leben lang glücklich verheiratet.
Weil er in sie verliebt war.
Er empfand romantische Liebe für sie.

***Die romantische Liebe, die den andern idealisiert, ist wichtig für eine glückliche Ehe, die ein Leben lang hält.***

Seltsam ist, dass es meist die Frauen sind, die auf diese Art lieben, während diejenigen, die über sie geschrieben haben, meistens Männer waren.
Es sieht fast so aus, als seien nur die Männer dazu fähig.
Dabei stimmt das gar nicht.
Ganz im Gegenteil.
Jahrhundertelang haben Verleger nur Bücher von Männern veröffentlicht.
Natürlich, weil die Verleger auch Männer waren.
Die Tagebücher und Briefe von Frauen hingegen sprechen Bände über die romantische Liebe.
Aber Achtung!
Auch die romantische Liebe kann, wie alles andere, was Menschen tun, übertrieben werden.
Wenn die Idealisierung des anderen die Grenze des Glaubhaften überschreitet, wenn sie sich völlig von der Realität entfernt, wird sie zum Eigentor.
Wenn das Bedürfnis nach einem anderen Menschen, der uns beschützen, verzärteln und glücklich machen soll, zu unserem einzigen Interesse wird.
Weil wir allein nicht dazu in der Lage sind.
Dann wird unsere romantische Liebe nicht nur zum Traum.
Sie wird zum nicht realisierbaren Traum.
Und das ist wirklich typisch *infantil*.

Es ist kein Zufall, dass die romantische Liebe die Art der Liebe ist, die alle Heranwachsenden auf der ganzen Welt zwischen neun und neunzig anstreben.
Und die Literatur hat dies gefördert.
Geschrieben von Männern.
*Aschenputtel.*
Aschenputtel ist ein uraltes Märchen.
Es stammt ursprünglich aus China (was zum Teufel haben die Chinesen eigentlich nicht erfunden?) und wurde in der Folge in hunderten Versionen auf fast der ganzen Welt erzählt.
Selbstverständlich wurde jede dieser Versionen von einem Mann geschrieben.
Der in dieser Geschichte allerdings keine besonders gute Figur macht.
Schön, reich und ... ein Miststück?
Nein.
Verliebt.
Was kann ein junges Mädchen mehr erwarten?
Einen Prinzen, der ihr sein ganzes Leben zu Füßen legt.
Seinen Königspalast.
Seinen Reichtum.
Seine Macht.
Seine Hingabe und ...
Seine Treue (nehmen wir das mal zu seinen Gunsten an).
Das Problem besteht darin, dass niemand die Fortsetzung zu *Aschenputtel* aufgeschrieben hat.

Denn die ist schrecklich.
Sie ist in ihrem goldenen Käfig eingeschlossen und zieht einen Haufen flegelhafter, verwöhnter und nerviger Prinzen groß.
Und er treibt sich in der Gegend herum und lässt alle Mädchen im Dorf Schühchen anprobieren.
Das ist der realistische Teil der Geschichte.
Der erste Teil ist das *Märchen*.
Wer weiß, warum immer wieder alle vergessen, dass es ein Märchen ist.
Es ist ein Märchen, weil es den Prinzen auf dem weißen Pferd – und ich werde nicht müde, es zu wiederholen – schlichtweg *nicht gibt*.
Es gibt auf der Welt keinen erfolgreichen Mann, der, anstelle seinen Erfolg zu vermehren oder zu bewahren, sein Leben einer Frau zu Füßen legt.
Nur ein Idiot tut so etwas.
Das versteht doch jedes Kind.
Aber viele Frauen wollen das nicht verstehen.
Stattdessen sind sie natürlich sauer auf mich, weil ich es ihnen sage.
Ich erwähnte es schon in einem meiner früheren Bücher:
Den Boten trifft keine Schuld.
Der Bote kann wirklich nichts dafür!
Aber den Frauen erscheint es ganz natürlich, dass ein Mann sie zum Zentrum seines Lebens macht, ihnen sein ganzes Leben widmet.

Ein Mann kann eine Frau romantisch lieben, er kann in ihr auch seine kleine Feenfrau sehen, er kann auch ein Viertel oder Fünftel seines Tages oder seines Lebens an sie denken.
Aber er kann sie nicht zum Mittelpunkt seines Lebens machen.
Es sei denn, er ist behindert und sitzt bewegungslos in einem Rollstuhl.
Wie der Typ, der sich bei einer Witwe vorstellte, die folgende Anzeige aufgegeben hatte: »Suche häuslichen Mann, nicht handgreiflich, mit einem außergewöhnlichen Geschlechtsteil.« Damit wollte sie den Mängeln ihres verstorbenen Mannes vorbeugen.
»Ich bin wegen der Anzeige gekommen.«
»Warten Sie ... Sind Sie häuslich?«
»Wo, glauben Sie, soll ich hingehen, in meinem Rollstuhl?«
»... nicht handgreiflich?«
»Ich kann nicht einmal die Hände bewegen.«
»Und das außergewöhnliche Geschlechtsteil?«
»Na, was glauben Sie, womit ich geklingelt habe?«
Abgesehen von so einem Fall, wird Ihnen kein Mann auf der Welt sein Leben widmen.
Eine Frau schon, das ist mir wohl bewusst, sie ist in der Lage, einem Mann ihr Leben zu widmen.
Das ist Teil ihrer Natur.
Sie tut es sogar auch dann, wenn man es gar nicht von ihr erwartet.

Vor allem dann, wenn man es nicht von ihr erwartet.
Aber der Mann nicht.
Es liegt nicht in der Natur des Mannes, sich seiner Frau zu widmen.
Auch nicht seinen Kindern.

***Die instinktive Natur des Mannes ist es nicht, sein Leben einer Frau zu widmen, sondern seine Umwelt zu dominieren.***

Wie auch immer diese Umwelt aussieht.
Wenn er im Dschungel lebt, besteht das Dominieren der Umwelt darin, dass er sein Territorium verteidigt und auf die Jagd geht.
Wenn er in der Wall Street lebt, im Ansichreißen von Börsenpapieren.
*Sie* sind jedenfalls nicht der Mittelpunkt seiner Welt.
Ich sage es Ihnen gleich: Wenn Sie sich nicht von dieser märchenhaften Illusion befreien, werden Sie nicht nur keine glückliche Ehe führen, die ein Leben lang hält.
Sie werden eine Ehe führen, die keine zwei Jahre hält.
Kommen wir also zum zentralen Punkt der ganzen Liebesproblematik.
Auch das können wir anhand von *Aschenputtel* erklären.
Welcher Art ist die Liebe Aschenputtels für den Prinzen?
In Wirklichkeit macht sie sich überhaupt nichts aus ihm.
Hauptsache, er ist ein Prinz, hat einen Königspalast und *ist in sie verliebt.*

Wenn er darüber hinaus Hämorriden hat, das Bett nässt, nachts unter Alpträumen leidet und eine multiple Persönlichkeit hat, ist ihr das völlig schnuppe.
Selbst dann noch, wenn er oft ins Leere starrt, sich die Augen nach seiner Mama ausweint oder ständig voller Todesangst ist.
Warum das so ist?
Weil es ihr gar nicht um ihn geht, sondern nur um *sich selbst.*
In dieser Beziehung ist sie nicht die Gebende, sondern die *Nehmende.*
Denn was gibt sie?
Ihre Schönheit?
Aber der Prinz findet schöne Frauen, so viel er will, auch schönere als sie.
Ihre Hingabe?
Allzu viel gehört nicht dazu, jemandem seine Hingabe zu schenken, wenn die seine von viel höherem Wert ist.
Ihre Treue?
Die kostet sie nichts.
Aber was will sie vom Prinzen auf dem weißen Pferd?
Das, was sie bekommt, ist sehr viel mehr.
Das wäre?
Ist doch klar.
Schutz (vor allem).
Versorgung (im Luxus).
(Vollkommene und dauerhafte) Hingabe.

Die Alternative wäre gewesen, irgendeinen armen Schlucker zu nehmen.
Aber was sind diese Bedürfnisse anderes als *kindlich*?
Denn es ist das Kind, das beschützt, versorgt und gehätschelt werden will.
Und zwar will es das nicht aus einer Laune heraus.
Sondern weil sein Leben davon abhängt.
Denn dies sind *primordiale Bedürfnisse*.
Und mit denen ist nicht zu spaßen.
Gleiches gilt fürs Überleben.
Wenn also einer Kind ist und allein nicht in der Lage ist zu überleben, muss er gezwungenermaßen jemanden finden, der ihn ernährt, beschützt und umsorgt.
In einem Wort: der ihn aushält.
Es ist also kein Zufall, dass *Aschenputtel* das Märchen der Teenies ist.
Ich würde es per Gesetz verbieten lassen.
Ich bin gegen die Zensur und schwarze Listen, aber in diesem Fall wäre ich bereit, eine Ausnahme zu machen.
Denn *Aschenputtel* ist gefährlicher als der Ebola-Virus.
Diesem Märchen sind mehr Menschen zum Opfer gefallen als der Malaria.
Und doch ist es frei im Umlauf.
Der Gesundheitsminister rührt keinen Finger.
Auch die Regierung rührt keinen Finger.
Die Regierung rührt allerdings nie einen Finger.
Und außerdem ist sie in den Händen von Männern.

Selbst Walt Disney hat zur Verbreitung des *Aschenputtel*-Virus beigetragen.
Walt Disney, »der Freund aller Kinder«.
Von wegen!
Er hat ihnen Gift ins Fläschchen getan!
Er war es, der das Märchen von Aschenputtel oder Cinderella in der modernen Welt am weitesten verbreitet hat.
Er hat die ganze Welt infiziert.
Denn das Kino und dann das Fernsehen haben Walt Disneys *Cinderella* selbst unter die Analphabeten gebracht.
Die weiblichen Analphabeten tappen natürlich noch leichter in die Falle.
Die Forderung nach Schutz, Versorgung und Hingabe ist also keine Liebe, sondern der *Wunsch nach Geliebtwerden*.
Der typisch für Kinder ist.
In diesem Punkt braucht es dringend Klarheit.
Denn die Verwechslung von Liebe und dem Wunsch nach Geliebtwerden ist fatal für die Ehe.
Wenn man heiratet, um zu nehmen und nicht zu geben, ist die Ehe zum Scheitern verurteilt.

***Wenn Sie sich glücklich verheiraten und es ein Leben lang bleiben wollen, müssen sie fähig sein zu lieben und nicht nur den Wunsch haben, geliebt zu werden.***

Wenn jemand heiratet, um Liebe zu bekommen und nicht um sie zu geben, bedeutet das, dass er ein Kind ist.

Und Kindern ist es verboten zu heiraten.
Das sagt auch die Kirche.
Aber meistens weiß das Kind von dreißig oder vierzig Jahren nicht, dass es ein Kind ist.
In der Regel merkt es der andere, meistens die Frau.
Wenn es schon zu spät ist.
Also prüfen Sie Ihr Gewissen.
Wenn Sie Liebe brauchen, heißt das, Sie sind ein Kind.
Heiraten Sie nicht!
Wenn Sie auf der Suche nach dem Prinzen auf dem weißen Pferd sind, heiraten Sie nicht!
Denn das heißt, Sie sind ein Kind.
Und selbst, wenn Sie ihn finden, heiraten Sie ihn nicht!
Lassen Sie sich zum Tanzen in seinen Königspalast ausführen, wenn Sie mögen.
Oder meinetwegen auch in die Disko.
Lassen Sie sich von ihm auch gern seine Schmetterlingssammlung zeigen.
Das alles natürlich vor Mitternacht.
Aber heiraten Sie ihn nicht!
Er würde ein Leben lang jede Nacht Schühchen anprobieren lassen.
Andere Frauen natürlich.
Und glauben Sie nicht den Ratschlägen Ihrer Mama, die Ihnen sagt, Sie dürften ihm nur nicht nachgeben und wären auf diese Weise in Sicherheit.
Auch Aschenputtels Mama hatte ihr geraten: »Lass nicht

zu, dass er sich auf dich legt. Sag ihm, dass deine Mama das nicht will.«

Als Aschenputtel um Mitternacht zurückkam, fragte seine Mama: »Hast du es ihm gesagt?«

»Ja.«

»Und was hat er dir geantwortet?«

»Er hat gesagt: Dann leg du dich auf mich, denn meiner Mutter ist das schnuppe.«

Das könnte Ihnen auch passieren.

Wenn Sie noch immer ein Kind sind, können Sie nicht nur keine glückliche Ehe führen, die ein Leben lang hält.

Sondern sind unausweichlich dazu verurteilt, eine unglückliche Ehe zu führen, die ein Leben lang hält.

Da Sie ein Kind sind, werden Sie auch nicht den Mut aufbringen, aus einer unglücklichen Ehe auszubrechen.

Denn alleine können Sie nicht überleben.

Was sollen Sie also tun?

Ich gebe Ihnen einen gut gemeinten Ratschlag, einen väterlichen.

Fahren Sie nach London und kellnern Sie in einem Pub.

Nehmen Sie sich irgendwo allein ein kleines Zimmer.

Ohne Freundinnen, die Sie trösten oder mit denen Sie reden können.

Nehmen Sie nicht einmal einen Goldfisch oder eine Schildkröte mit.

Lassen Sie es zu, dass man Sie schlecht behandelt.

Dass man Sie ignoriert.

Sie verachtet.
Sie benutzt.
Ihnen sogar wehtut.
Je mehr man das tut, desto besser für Sie.
Denn desto mehr lernen Sie.
Sie erweitern Ihren Horizont.
Sie werden stärker.
Sie erleben die Einsamkeit.
Das Elend.
Die Verzweiflung.
Bis Sie feststellen, dass das alles Ihnen nichts mehr anhaben kann.
Dass Sie groß geworden sind.
Dass Sie stark geworden sind.
Dass Sie erwachsen geworden sind.
Dass Sie eine FRAU geworden sind.
Dann, und nur dann, werden Sie die *Liebe zu sich selbst* entdecken.
Im schlechtesten Fall werden Sie wenigstens Englisch gelernt haben.

# Die Selbstliebe

Wenn Sie eine Frau geworden sind (oder ein Mann, das hängt davon ab, welchen Typ Eltern Sie hatten), sind Sie in der Position, die *Liebe zu sich selbst* zu entdecken.
Nicht zu den anderen. Zu sich selbst.
Das ist ein großer Schritt nach vorn.
Ein Kind hat keine Liebe zu irgendjemandem.
Nicht einmal zu sich selbst.
Deshalb braucht es sie ja auch von anderen.
Es selbst verfügt über gar keine Liebe.
Sich selbst zu lieben bedeutet, sich zu schätzen, Vertrauen in sich zu haben.
Es bedeutet auch, *Respekt* vor sich zu haben.
Vor den eigenen Ansprüchen, den eigenen Bedürfnissen, den eigenen Wünschen.
Vor dem eigenen Recht auf Glück.
Und sich selbst darum zu bemühen.
Ohne darauf zu warten, dass die anderen es einem verschaffen.

Ohne es von jemand anderem zu erwarten.
Ohne noch auf den Prinzen auf dem weißen Pferd zu warten.
Tatsächlich werden Sie erst dann erwachsen sein, wenn Sie verstanden haben, dass es den Prinzen auf dem weißen Pferd nicht gibt, und nicht mehr nach ihm suchen.
Dann sind Sie eine Frau.
Es geht Ihnen gut, auch wenn Sie alleine sind.
Vom Heiraten ist keine Rede mehr.
Was gibt es Schöneres, als frei über sein Leben zu verfügen?
Ausgehen zu können, mit wem Sie wollen.
Reden zu können, mit wem Sie wollen.
Essen, schlafen, alles tun zu können, was Sie wollen.
Wann Sie wollen und mit wem Sie wollen.
Was gibt es Schöneres, als sich ganz und gar sich selbst widmen zu können?
Wann hat man in seinem Leben schon mal die Gelegenheit dazu?
Aber nein.
Alle stürzen sich in die Ehe.
Niemand genießt seine Freiheit und seine Jugend.
Warum?
Weil sie alle Kinder sind, die verzweifelt eine Mama oder einen Papa brauchen.
Ein Elternteil.
Und so heiraten sie sehr jung.
In der Illusion, es gefunden zu haben.

Bevor sie wachsen.
Bevor sie erwachsen sind.
Bevor sie lernen, alleine zu leben.
Bevor sie lernen, sich selbst zu genügen.
Bevor sie lernen, sich selbst zu lieben.
Bevor sie lernen, sich selbst zu ernähren, sich zu schützen, für sich selbst da zu sein.
Aber wie sollen sie andere ernähren, schützen und für sie da sein, wenn sie nicht in der Lage sind, dies alles für sich selbst zu tun?
Das ist der Hauptgrund dafür, dass Ehen unglücklich sind.
Als Kind zu heiraten.
Zu heiraten, solange man selbst noch Liebe und Schutz braucht.
Mit einer infantilen Persönlichkeit zu heiraten, die auf Liebe und Schutz angewiesen ist.
Deshalb ist es so wichtig, dies nicht zu tun, wenn man sich glücklich verheiraten und es ein Leben lang bleiben will.
Nicht zu heiraten, bevor man erwachsen ist.
Nicht zu heiraten, solange man selbst noch Kind ist und der Ernährung, des Schutzes, der Hingabe bedarf.

***Mit einer infantilen Persönlichkeitsstruktur zu heiraten führt unvermeidlich zum Scheitern der Ehe.***

Ja, werden Sie sagen, soll man dann etwa gar nicht mehr heiraten?

Wann ist denn die Zeit für die glückliche Ehe gekommen, die ein Leben lang hält?
Immer mit der Ruhe.
Alles zu seiner Zeit.
Gönnen Sie sich eine angemessene Zeitspanne als Single, während der Sie völlig frei sind, sich zu amüsieren, Abenteuer zu erleben, *Erfahrungen* zu machen.
Wie wollen Sie sonst die Männer kennenlernen?
Die guten von den schlechten unterscheiden?
Denn auch wenn es Ihnen komisch vorkommt: Männer, wie Frauen, können gut oder schlecht sein.
»Aber wie lange dauert diese ›angemessene Zeitspanne‹?«, werden Sie sich fragen.
Wenn Sie so anfangen, haben Sie es noch nicht begriffen.
Dann sind Sie wie jemand, der ins Kino geht, aber während des gesamten Films auf glühenden Kohlen sitzt, weil zu Hause seine Mama auf ihn wartet.
Die wahre Liebe für ihn empfindet.
Genau.
Aber was ist *wahre Liebe*?

## Wahre Liebe

Die Kommunikation im bedeutendsten der drei Universen, nämlich dem emotionalen, sollte besonders gut entwickelt sein.
Denn dies ist das wichtigste Universum für uns.
Das Universum der Liebe.
Aber was ist wahre Liebe?
Ohne zu zögern, können wir schon mal sagen, dass wahre Liebe bedeutet, jemanden so zu akzeptieren, wie er ist.
Erst wenn sie Ihnen so gefällt, wie sie ist, mit all ihren Schwächen, können Sie von sich sagen, dass Sie sie lieben.
Er schnarcht, das stimmt, aber wie rührt es mich, sein Gesäge mitten in der Nacht zu hören!
Er stinkt, das ist wahr, aber wie gefällt mir sein Gemüffel nach nassem Kater, der sich in Gorgonzola gewälzt hat!
Sie sieht morgens furchtbar aus, aber wie erstaunt es mich und erfüllt mich mit Bewunderung, ihr dabei zuzusehen, wie sie sich immer wieder von einem Ungeheuer in eine passabel aussehende Frau verwandelt!

Auch wenn sie dafür immer länger braucht.
Aber das reicht noch nicht.
Wahre Liebe ist noch etwas anderes.
Jesus Christus hat gesagt:
»Ihr habt gehört, dass gesagt ist: ›Du sollst deinen Nächsten lieben‹ und deinen Feind hassen. Ich aber sage euch: Liebt eure Feinde und bittet für die, die euch verfolgen, damit ihr Kinder seid eures Vaters im Himmel. Denn er lässt seine Sonne aufgehen über Böse und Gute und lässt regnen über Gerechte und Ungerechte. Denn wenn ihr liebt, die euch lieben, was werdet ihr für Lohn haben?« (*Matthäus 5, 43*)
Und weiter:
»Liebe deinen Nächsten wie dich selbst.« (*Matthäus 19, 19*)
Und noch vor ihm sagte Buddha (5. Jh. v. Chr.):
»Sprechen die Menschen von Liebe, so beziehen sie sich normalerweise nur auf die Liebe zwischen Eltern und Kindern, Mann und Frau, Angehörigen oder Freunden. Doch das Wesen dieser Liebe beruht auf den Vorstellungen von ›ich‹ und ›mein‹, daher bleibt sie in Anhaftung und Unterscheidung stecken. Die Menschen wollen einzig ihre Eltern lieben, ihre Ehegatten, ihre Kinder und Enkel, ihre Verwandten, ihre Freunde. Weil sie in Anhaftung verstrickt sind, grämen sie sich über Unglücksfälle, die den geliebten Menschen zustoßen könnten, noch bevor diese tatsächlich geschehen. Tritt dann ein solcher Unglücksfall ein, dann erfahren sie schreckliches Leid. Liebe, die auf Unterschei-

dung beruht, führt zur Voreingenommenheit, zu Gleichgültigkeit, ja Feindseligkeit gegenüber all jenen, die wir aus dem Kreis unserer Lieben ausschließen. Anhaftung und Unterscheidung sind Quellen des Leids für uns und andere Menschen.

In Wirklichkeit sehnen sich alle Wesen nach allumfassender Liebe.

Die allumfassende Liebe besteht aus liebender Güte und Mitgefühl. Liebende Güte und Mitgefühl sind nicht auf die eigenen Eltern beschränkt, nicht auf den Ehepartner, auf die Kinder, auf die Verwandten, die Freunde, sondern richten sich auf die ganze Menschheit und alle lebenden Wesen. Liebende Güte und Mitgefühl unterscheiden nicht zwischen ›mein‹ und ›nicht mein‹. Wenn man keine Unterschiede macht, haftet man auch nicht an. Und wenn man nicht anhaftet, leidet man nicht. Liebende Güte und Mitgefühl lindern das Leiden und vermehren das Glück. Liebende Güte und Mitgefühl zielen auf das Glück aller Menschen ab und verlangen keine Gegenleistung. Ohne sie, ohne die allumfassende Liebe, ist das Leben freudlos. Mit Mitgefühl und liebender Güte, mit allumfassender Liebe, aber ist das Leben voller Glück, Frieden und Freude.«[15]

---

15 *Suttapitaka, Majjhima-Nikaya, Piyajatika Sutta,* deutsche Fassung nach Giacobbe.

Die wahre Liebe ist also die *allumfassende Liebe*.
Sie besteht vor allem aus *Vergebung*, wie Jesus sagt.
Das heißt aus *Toleranz* und *Akzeptanz*, wie wir es auch schon in Bezug auf die Untreue festgestellt haben.
Und aus *Mitgefühl* und *liebender Güte*, wie Buddha sagt.

***Die wahre Liebe besteht aus Toleranz und Akzeptanz, Vergebung, Mitgefühl und liebender Güte.***

Aber dies sind, wie wir weiter vorn gesehen haben, die Eigenschaften von *Eltern*.
Die wahre Liebe ist also die Elternliebe.
Aber nicht die irgendwelcher Eltern.
Sondern die der allumfassenden Eltern.
Der Eltern, die sich als Eltern der gesamten Menschheit verstehen.
Und noch mehr: aller Lebewesen.

***Die wahre Liebe ist Elternliebe für alle Lebewesen.***

Der Schöpfer selbst wird ja auch als Vater vorgestellt.
Und in unserer Fähigkeit, Eltern zu sein, liegt unsere wahre Liebe begründet.
In unserer Fähigkeit, immer allen Wesen Eltern sein zu können.
Das ist etwas anderes, als nur den eigenen Kindern Eltern zu sein.

Oder dem eigenen Partner und basta.
Und viele können es nicht einmal den eigenen Kindern sein.
Noch dem eigenen Partner.

***Eltern sein bedeutet, geben zu können, sich anderen hingeben zu können.***

Nicht zu nehmen, sondern zu geben.
Mitgefühl zu haben und für andere da sein zu können.
Wie kann man kein Mitgefühl haben für denjenigen, der leidet?
Wie kann man kein Mitgefühl haben mit dem Leid des Menschen, der an deiner Seite ist?
Mitgefühl ist Liebe.
Wer sagt: »Ich will dein Mitleid nicht«, hat nichts vom Leben verstanden.
Ohne Mitgefühl kann es keine Liebe geben.
Die Liebe *ist* Mitgefühl.
Wen es nicht berührt, wenn Sie weinen, wer nicht an Ihrem Schmerz Anteil nimmt, wer nicht mit Ihnen mitleidet, der liebt Sie nicht.
Das verstehen Sie sicher sofort.
Dann gibt es keine emotionale Kommunikation.
Dann gibt es keine *Empathie*.
Dann gibt es keine Liebe.
Die wahre Liebe, die Elternliebe, die auf Mitgefühl und

Hingabe beruht, ist wahrhaftig die wichtigste Zutat für eine glückliche Ehe, die ein Leben lang hält.

***Die wahre Liebe besteht aus Mitgefühl und Hingabe, Toleranz und Verzeihen. Sie ist das Wichtigste, wenn man sich glücklich verheiraten und es ein Leben lang bleiben will.***

Sie ist wie der Espresso im *Caffè del Nonno*.

# Kinder

Man denkt immer, dass der Sinn der Ehe Kinder seien.
Aber das stimmt nicht.

***Die Ehe erhält ihren Sinn nicht erst durch Kinder.***

Der Geschlechtsverkehr erhält seinen Sinn durch Kinder.
Jedenfalls war das früher mal so.
Heute nicht einmal mehr das.
Außer in Ausnahmefällen.
In Kindern den Sinn der Ehe zu sehen ist ein großer Fehler.
Aus zwei Gründen.
Der erste ist, dass die Kinder irgendwann gehen, die Ehe aber bleibt.
Also ist die Ehe der Sinn der Ehe.

***Die Ehe ist sich selbst Sinn genug.***

Der zweite Grund ist der, dass auch eine kinderlose Ehe

eine Ehe ist und sehr gut eine glückliche Ehe sein kann, die ein Leben lang hält.

***Auch wenn man keine Kinder hat, kann man sehr gut glücklich verheiratet sein und es ein Leben lang bleiben.***

Oft müssen Kinder dafür herhalten, eine *schwierige* Paarbeziehung zu stabilisieren.
Das ist ein Fehler.
Denn diese Stabilisierung ist nicht von Dauer.
Sie verdankt sich einzig und allein einer befristeten gemeinsamen Aufgabe.
Aber die Schwierigkeiten der Beziehung kommen früher oder später ans Licht.
Und äußern sich im Streit um Erziehungsfragen.
In emotionaler Vereinnahmung der Kinder durch einen von beiden. Oder durch beide.
In Eifersucht.
Rivalität.
Bis es zur Trennung kommt, zum Krieg um die Besitztümer.
Und um die Kinder.
Der Grund ist immer derselbe.
Mangelnde Reife.
Das Kindsein, statt des Elternseins.
In letzter Zeit häufen sich die Fälle, in denen geschiedene Ehemänner ihre Exfrauen und alle Kinder töten.

Es ist in Zeitungen und Zeitschriften, in Interviews und im Fernsehen darüber berichtet worden.
Aber niemandem ist es gelungen, dieses Phänomen zu erklären.
Dabei ist es ganz einfach.
Wie ich schon weiter vorne gesagt habe, sind die Täter verlassene Kinder (Männer), die überzeugt sind, ohne ihre Mama (ihre Frau) nicht leben zu können, und sie töten, damit sie gemeinsam mit ihnen stirbt.
Und sie töten auch die Kinder.
Die aus ihrer Perspektive keine Kinder sind, sondern rivalisierende Geschwisterchen.
Mit einer infantilen Persönlichkeit zu heiraten und Kinder zu wollen ist der gängige und perverse psychologische Mechanismus in vielen Ehen.

***Im Kinderstadium zu heiraten und Kinder haben zu wollen ist pervers.***

Es ist genau dieser Mechanismus, der zu der Auffassung führt, Kinder seien der Sinn der Ehe.
Aber in diesem Fall werden die Kinder als *emotionale Krücken* missbraucht.
Wie Hunde und Katzen.
Häufig haben diese »Eltern« tatsächlich viele Hunde und Katzen, bevor sie Kinder bekommen.
Häufiger Hunde, weil Katzen »egoistisch« sind.

Was nichts anderes heißt, als dass sie nicht offenherzig genug sind.
Ich habe einmal eine Frau kennengelernt, die sich einen Hund nach dem anderen kaufte, weil sie einen suchte, der nur für sie lebte.
»Er muss mich anbeten. Mich, und nur mich.«
Ich habe Paare kennengelernt, die falsche Tatsachen vorgespiegelt und unzählige Kraftakte unternommen haben, nur um ein Kind in die Finger zu kriegen.
Egal, welcher Rasse.
Bantu, Buschmann, Eskimo, Kannibale, Weißrusse oder Indio, Hauptsache ein Kind.
Die emotionalen Krücken müssen um jeden Preis Kinder sein.
Aus einem sehr einfachen Grund.
Wenn sie herangewachsen sind, fangen sie an zu diskutieren und schicken Sie dahin, wo sie selber hergekommen sind.
Aber wenn sie klein sind, können sie sich noch keine eigenen Vorstellungen oder Vorurteile von Ihnen bilden, also können Sie das schlimmste Scheusal der Welt sein, ihre ungeteilte Aufmerksamkeit wird Ihnen dennoch sicher sein.
Es gibt aber noch einen anderen, ebenso simplen wie schrecklichen Grund.
Ihr Überleben hängt von Ihnen ab.
Jemanden zu versorgen gibt einem ein Gefühl von Omnipotenz.

Das Leben der anderen hängt von einem ab.
Deshalb sieht man in der Stadt so viele Leute, die Tauben, streunende Katzen, Eichhörnchen und Tiere in Zoos und Grünanlagen füttern.
Meist sind es Frauen.
Verhinderte Mamas.
Das krampfhafte, zwanghafte, unbändige und alles beherrschende Bedürfnis, Kinder zu haben, ist *neurotisch.*

***Das zwanghafte Bedürfnis nach Kindern ist neurotisch.***

In Wirklichkeit ist es der Wunsch, etwas zu bekommen, nicht zu geben.

***Kinder soll man haben, um sie gehen zu lassen, nicht um sie festzuhalten.***

Diese als Eltern maskierten Kinder aber halten sie ein ganzes Leben lang.
Sie lassen sie drei Studienabschlüsse machen, vier Zusatzausbildungen und fünf Doktortitel, damit sie von ihnen abhängen und bis zur Pensionierung zu Hause wohnen bleiben.
Bis zur Pensionierung der Kinder, nicht der eigenen, die haben sie schon seit Längerem hinter sich.
Ihr Ziel ist es, die Kinder ein Leben lang zu Hause zu be-

halten, damit sie von ihnen auf immer geliebt und unterstützt werden (sie, die »Eltern«!).
Aber seine Kinder am Rock- oder Hosenzipfel hängen zu lassen, bis sie 35 sind, heißt, sie zu lebensuntüchtigen Trotteln zu machen.
Die Loslösung von den Eltern und die wirtschaftliche Unabhängigkeit sind normalerweise vor dem zwanzigsten Lebensjahr realisierbar, selbst in den überbehütenden Industriegesellschaften.
Die *Emanzipation.*
Die einmal ein grundlegender sozialer Wert gewesen ist.
Heute weiß man nicht einmal mehr, was das überhaupt ist.
Natürlich muss man seinen Doktor nicht um jeden Preis machen.
Oder jedenfalls mindestens nicht sofort.
Wenn jemand unbedingt seinen Doktor machen will, weil das seine Berufung ist, kann er das immer noch tun, wenn er sich von seinen Eltern unabhängig gemacht hat.
Er wäre nicht der Erste und nicht der Letzte, der während des Studiums arbeiten muss.
Erst sollte man sich emanzipieren, dann kann man Karriere machen.

***Erst wird man erwachsen, dann macht man seinen Doktor.***

Die als Eltern maskierten Kinder, die ihre Kinder als emotionale Krücken missbrauchen und sie bis ins hohe Alter (ihres und das der Kinder) an sich binden, machen sich schuldig an den Kindern und ruinieren deren Leben.

***Eltern, die ihre Kinder zu lange eng an sich binden, sind neurotisch und machen sich schuldig, weil sie ihre Kinder daran hindern, erwachsen zu werden.***

Solche Eltern sollte man ins Gefängnis stecken.
Wo sie dann endlich erwachsen würden.
Sie begehen ein Verbrechen an der Menschheit.
Sie ruinieren ihre Kinder.
Und die Menschheit besteht aus unseren Kindern.
Die Rechtfertigung, die sie normalerweise vorbringen, nämlich die, dass ihre Kinder keine Arbeit finden, ist unbegründet und kindisch.
Überall brauchen wir Installateure, Tischler, Elektriker, Maurer, Mechaniker, Schweißer, Schlosser, Hilfsarbeiter und Bauern.
Versuchen Sie mal, ein Haus zu bauen und einen Maurer zu finden oder einen Fliesenleger, einen Installateur, einen Elektriker!
Versuchen Sie mal, für Ihren Weinberg oder Ihren Obstgarten Hilfsarbeiter für den Anbau oder die Ernte zu finden!
Wir sind gezwungen, Arbeiter aus Ländern zu importieren, wo man noch nicht einmal weiß, was ein Maurer ist, ein Fliesenleger, Installateur, Elektriker oder Wein- und Obstbauer.

Dafür haben wir Tausende von Promovierten.
Alle arbeitslos.
Alle zu Hause bei Mama und Papa.
Was diese »Eltern« von ihren arbeitslosen Doktoren nicht wissen, ist, dass ein Revisionsgericht hierzulande sie dazu verpflichtet hat, für ihren Unterhalt aufzukommen, bis sie einen ihrem Studienabschluss angemessenen Arbeitsplatz gefunden haben, und zwar *ohne Altersbegrenzung*.
Also bis ans Ende ihres Lebens.

***»Eltern«, die ihre Kinder studieren lassen, nur um sie so lange wie möglich zu Hause zu behalten, sind nicht nur neurotisch und verbrecherisch. Sie sind auch noch Dummköpfe.***

Normalerweise sind es kleine Angestellte, die den Ehrgeiz haben, sich von ihren Kindern das eigene eingebildete Scheitern kompensieren zu lassen oder sich durch sie den Traum vom wirtschaftlichen und sozialen Aufstieg zu verwirklichen.
Aber sie haben nicht verstanden, oder sie tun, als verstünden sie nicht, dass die Massenuniversität den Wert der Studienabschlüsse gemindert hat.
Dass es nicht mehr so ist wie früher, als vielleicht tausend Leute im Jahr einen akademischen Hochschulabschluss machten und alle eigene Praxen aufmachen und reich werden konnten.

Heutzutage verlassen jedes Jahr Zigtausende die Universitäten und prügeln sich um Stellen bei Krankenkassen, Versicherungen, staatlichen Einrichtungen.
Anhand öffentlicher Ausschreibungen.
Wo sich tausend Bewerber um einen Job schlagen.
Der helle Wahnsinn.
Das soll nicht heißen, dass man bei uns nicht studieren sollte.
Wir brauchen auch Akademiker.
Aber *tüchtige* Akademiker.
Nicht irgendwelche und nicht um jeden Preis.
Ohne Berufung, ohne Bildung, ohne Intelligenz.
Das Gros der heutigen Massen an Studenten sind Analphabeten, die weder Englisch lesen noch schreiben können (was unerlässlich ist) und nicht einmal ihre Muttersprache richtig sprechen.
Vom Lateinischen ganz zu schweigen, sie wissen gar nicht, was das ist oder wozu es gut sein soll.
Alle Berufe, insbesondere jene, die mit anderen Menschen zu tun haben, also die sogenannten freien Berufe, müssen von Leuten ausgeübt werden, die sich dazu berufen fühlen, nicht von Leuten, die diese Berufe nur aus Ehrgeiz ergreifen wollen oder weil ihre Eltern infantil sind.
Die als Eltern maskierten Kinder – das stand zu befürchten – begnügen sich aber nicht damit, nur ihre Kinder zu ruinieren.
Sie ruinieren auch die ganze Gesellschaft, die Wirtschaft

und die Arbeitswelt, indem sie Akademiker hervorbringen statt Facharbeiter und Techniker.
Die als Eltern maskierten Kinder können nur Schaden anrichten, egal wo sie ihre Finger hineinstecken.
Sie sind eine Plage der Menschheit.
Nachdem nun so schlecht wie möglich über die als Eltern maskierten und ihren Nachwuchs als emotionale Krücken missbrauchenden Kinder geredet worden ist, kommen wir zu den wahren Eltern, die ihre ganze Liebe ihren Kindern widmen.
Es soll gleich gesagt werden, dass wahre Eltern nicht das *Bedürfnis* haben zu lieben.

***Denn zu lieben ist kein Bedürfnis,***
***sondern ein Quell der Freude.***

Deshalb habe ich auch gesagt, dass der Sinn der Ehe nicht die Kinder sind.
Die Kinder sind ein zusätzlicher Quell der Freude in einer Ehe, aber es geht auch ohne sie.
Vor allem deshalb, weil Kinder ein vorübergehendes Phänomen in der Ehe sind.
Wie lange bleiben sie denn bei den Eltern?
Achtzehn, zwanzig Jahre sind mehr als ausreichend.
Das Elternsein, also die Freude des Liebens, Annehmens, Beschützens und Helfens, wird bereits innerhalb der Ehe ausgelebt.

Auch ohne Kinder.
Das Objekt unserer Liebe und unserer Hingabe ist der *andere*.
Und er ist ein Objekt, dem wir uns *unser ganzes Leben lang* widmen können.
Kinder sind auch wichtig und verdienen unsere ganze Aufmerksamkeit und Hingabe, aber eben nur eine Zeit lang.

***Kinder müssen ein vorübergehendes Objekt unserer Hingabe sein.***

Das bedeutet nicht, dass unsere *Liebe* zu ihnen vorübergehend ist.
Die Liebe hält ein Leben lang.
Aber es ist unsere *Hingabe*, die vorübergehend sein muss, anders als die Hingabe, die wir unserem Partner entgegenbringen und die ein Leben lang hält.

***Das Objekt unserer beständigen Hingabe muss unser Partner sein.***

Sie können nicht Ihr Leben lang Ihren Kindern die Windeln wechseln und das Fläschchen geben.
Es kommt der Moment, ab dem sie lernen müssen, sich um sich selbst zu kümmern.
Dem Kind eine Ersatzmama zu finden, die sich statt Ihrer

um es kümmert (natürlich niemals so gut wie Sie), löst das Problem nicht.
Im Gegenteil, es verschlimmert es.
Denn während es natürlich ist, vor den Eltern davonzulaufen, ist es nicht natürlich, es vor der Ehe zu tun.
Das ist nur *normal*.

***Die wahren Eltern sind die, die ihre Kinder so schnell wie möglich in die Unabhängigkeit führen.***

Natürlich sind Kinder, das habe ich von Anfang an gesagt, ein Quell der Freude.
Kein Bedürfnis und keine Verpflichtung.
Ein Quell der Freude.

***Kinder sollten für die Ehe ein Quell der Freude sein, keine Verpflichtung.***

Weil sie unsere Freude darüber vermehren, Eltern zu sein.
Die Freude zu lieben.
Zu helfen.
Sich jemandem zu widmen.
Aber nur so lange, wie sie brauchen, um erwachsen zu werden, in die Welt hinausgehen zu können und ihr eigenes Leben zu leben.
So lange, wie sie brauchen, um ihre Flügel zu kräftigen, bis sie aus dem Nest fliegen können.

Ein Mäuschen erhielt zum ersten Mal von seiner Mama die Erlaubnis, abends alleine das Nest zu verlassen.
Es rannte glücklich los, bis es im Wald auf eine Fledermaus stieß.
Dann lief es ganz aufgeregt zurück nach Hause und rief der Mama zu:
»Mami, Mami, ich habe einen Engel gesehen!«

# Verwandte

»Verwandte sind Schlangen.«
Ein chinesisches Sprichwort.
Manche meinen, es sei toskanisch.
Aber das stimmt nicht.
Es ist chinesisch.
Wie alle Sprichwörter, übrigens.
Im Original hieß es: »Verwandte sind Drachen.«
Dann ist es im Laufe der Zeit verniedlicht worden.
Wer heiratet, heiratet eine Familie, wie man weiß.
Deshalb sollte man, bevor man heiratet, erst einmal die Familie des anderen kennenlernen.
Was mindestens einen Monat dauert.
Ich weiß, das ist lang und Sie haben es eilig.
Aber wenn Sie es nicht tun, werden Sie es bereuen.
Vielleicht finden Sie heraus, dass die Familie der Mafia angehört (was durchaus Vorteile hätte).
Oder vagabundierende Zigeuner sind (weniger vorteilhaft).

Oder verfolgte Politiker (ganz und gar nicht vorteilhaft).
Oder von Interpol gesucht werden (ganz und gar unvorteilhaft).
Es könnte die Addams Family sein.
Wie auch immer, es ist besser, die Familie kennenzulernen.
Besonders die Mutter, der Vater ist nicht so wichtig.
Die Mutter entscheidet alles.
*Sie* (Ihre Zukünftige) wird wie ihre Mutter, wenn sie alt ist.
Auch optisch.
Vor allem optisch.
Geistig sogar schlimmer.
Er *ist schon* wie seine Mutter.
Auch optisch.
Aber vor allem geistig.
Sie hat ihn geformt.
Nur dass er versucht, das zu verbergen.
Die Mutter hingegen nicht.
Im Gegenteil, sie ist stolz darauf.
Nach dem Motto: »Ich bin keine Rassistin. Ich würde alle Rassisten an die Wand stellen. Mein Kind hingegen kommt ganz nach seinem Vater. Er ist ein Rassist reinsten Wassers.«
Stellen Sie sich also darauf ein.
Sie werden eine Menge interessanter und beunruhigender Dinge über den anderen erfahren, wenn Sie seine Mutter kennen.

Ganz zu schweigen von den anderen Verwandten.
Dem Cousin, der Gebrauchtwagen verkauft.
Der Sie als Erstes, bevor Sie auch nur darüber nachdenken können, dazu bringt, Ihren fast neuen VW zu verkaufen, um sich stattdessen einen Fiat Panda Baujahr 73 mit einem maroden Motor zuzulegen.
Ein Schnäppchen.
Für ihn, natürlich.
Die hexenhafte Tante, die Ihnen aus der Hand liest.
Die Ihnen eines Abends, während sie zerstreut Ihre verschwitzte Handinnenfläche betrachtet, erklären wird, dass sie füreinander geschaffen sind.
Dass sie viele Kinder haben werden.
Und dass Sie glücklich und zufrieden leben werden bis ans Ende Ihrer Tage.
Sie lügt natürlich.
Nur um ihre Nichte unter die Haube zu bringen.
Und außerdem raubt sie mir meine Geschäftsgrundlage, weil sie Ihnen den Kauf meines Buches überflüssig erscheinen lässt.
Zum Glück haben Sie es schon gekauft.
Der Großvater, der Pornofilme sammelt.
Der Sie sofort in seine Rumpelkammer entführt, wo er Ihnen Streifen zeigt, die selbst von der thailändischen Regierung verboten sind.
Und explizite Andeutungen hinsichtlich Ihres bevorstehenden unbefriedigenden Sexuallebens macht.

Und Ihnen heimlich ein Comic verkauft, in dem es sich Schneewittchen in allen nur erdenklichen Stellungen von den Sieben Zwergen besorgen lässt.
Der sadistische, ungehobelte Neffe.
Der während des Essens vom Geruch von Kotze und Darminhalten redet, um zu sehen, welchen Effekt das auf Sie, den Neuankömmling, hat.
Unter den wohlgefälligen Blicken der Verwandtschaft.
Der noch unverheiratete Bruder, der schon neun Zimmermädchen, fünf Putzhilfen und sechs Altenpflegerinnen vernascht hat, sodass sie immer wieder ausgewechselt werden mussten.
Ja, ja, die Verwandten.
Aber in erster Linie Mama und Papa.
Sie zeigen Ihnen alle Fotos, die sie im Haus haben.
Auch die, die sie auf dem Dachboden aufbewahrt und seit fünfzig Jahren nicht mehr hervorgeholt haben.
Mehr als zweitausend Fotos.
Wenn nicht gleich diese schrecklichen Dias, die man auch noch im Dunkeln ansehen muss.
Allen voran die Fotos von *ihrer* Hochzeit.
Die Sie sich natürlich zum Vorbild nehmen sollen.
Besonders, was das Hochzeitsessen und die Gästeliste angeht.
Sie haben es auf sieben Gänge und 96 Gäste gebracht.
Um gut dazustehen, müssen Sie mindestens acht Gänge und 97 Gäste schaffen.

Aber nicht bei Krethi und Plethi, sondern mindestens im Fünf-Sterne-Hotel Excelsior.
Mama und Papa, mit denen Sie natürlich Abend für Abend dinieren, wobei Sie schamlos über die Qualität des Essens lügen und verblödende Fernsehsendungen über sich ergehen lassen müssen.
Und sich die dämlichsten Sprüche über das Leben, das Universum und den ganzen Rest anhören müssen, die Sie sich vorstellen können.
Die unhaltbarsten und skandalösesten politischen Ansichten.
Die unwahrscheinlichsten Theorien über irgendetwas, von denen sie im Fernsehen gehört haben.
Denen sie natürlich begeistert anhängen.
Wie zum Beispiel: Kennedy wurde von Außerirdischen entführt, weil er eine Perücke trug.
Aber glauben Sie nicht, dass das alles Zeitverschwendung wäre.
Es ist im Gegenteil von großem Wert für Sie.
Es ist wie eine Glaskugel, in der Sie Ihre Zukunft sehen können.
Sehen Sie genau hin.
Ist der Papa nur noch eine menschliche Raupe, die sich von einem Sessel zum anderen schleppt, ein dämliches Grinsen im Gesicht trägt und zu allem und jedem lächelt, das seine Frau äußert?
Dann werden Sie als Ehemann genauso enden.

Ist sie das bedauernswerte Opfer eines jähzornigen und handgreiflichen Ehemanns, der sie mit dem Gürtel verprügelt, wenn er getrunken hat, und seiner Tochter verbietet, nach Mitternacht nach Hause zu kommen?
Dann werden Sie als Ehefrau genauso enden.
Und dann sind da noch die Ferien.
Mit der Familie, natürlich.
Ob ihre oder seine spielt keine Rolle.
Denn Familien sind alle gleich.
Ein Monat in einem Schwefelkurbad (wo es nach faulen Eiern stinkt, dass einem Hören und Sehen vergeht), um der Tante Gesellschaft zu leisten, die Schuppenflechte hat.
Ein Monat auf einem Campingplatz, der über zwanzig Kilometer vom nächsten Dorf entfernt ist, wo Sie den trotteligen Neffen im Auge behalten sollen, der sich schon viermal verirrt hat.
Ein Monat an einem angesagten Strand, damit der Bruder vier weibliche Badegäste, sechs ausländische Touristinnen und die Tochter des Bäckers von nebenan vernaschen kann, die zufällig auch dort ist.
Ein Monat auf Pilgerreise von Wallfahrtsort zu Wallfahrtsort, von Padre Pio zur Madonna delle due Fontane, damit Oma sich noch einmal von all ihren Sünden reinigen kann, bevor sie die letzte Ölung erhält.
Und dann die Beerdigungen, natürlich.
Sie werden Großväter, Onkel, Cousins, Paten und entfernte Verwandte zu Grabe tragen.

Sogar einen angeheirateten Verwandten aus Rumänien, von dessen Existenz zwar niemand wusste, für den aber nichtsdestoweniger eine Reise organisiert wird, die Sie zwei Monatsgehälter kostet.
Bei ihnen allen werden Sie natürlich lange am Sarg stehen müssen.
Sie werden ausgiebig Gelegenheit haben, sich den körperlichen Verfall der Leiche zu betrachten, und ernsthaft über die Eitelkeit und Leere des Lebens nachdenken können.
Für sie alle werden Sie vier Rosenkränze beten und an drei Messen teilnehmen (eine vor, eine während und eine nach der Beerdigung).
Die Messen am Mittag, vor dem Essen.
So verdauen Sie besser.
Die Rosenkränze (wer weiß, warum) um Mitternacht.
So schlafen Sie nicht mehr ein.
Von einigen werden Sie auch, gemeinsam mit den Cousins und Schwägern, den Sarg tragen.
Einer schwerer als der andere.
Denn jetzt gehören Sie ja zur Familie.
Und obwohl andauernd welche sterben, werden es immer mehr Verwandte, weil in der Zwischenzeit immer mehr Enkel, Cousinchen und Patenkinder geboren werden.
Sie werden sich nie mehr einsam fühlen.
Es genügt die geringste Meinungsverschiedenheit, der kleinste Streit, eine minimale Uneinigkeit wegen der Farbe

der Vorhänge oder des Sofas, damit eine Familienversammlung einberufen wird.
Wo weder seine Lieblingsfarbe noch ihre Lieblingsfarbe gewählt wird, sondern unausweichlich die der Tante.
Weil sie den besten Geschmack von allen hat.
Ja, ja, die Verwandten.
Das alles gilt natürlich nur für den Fall, dass Sie Süditaliener sind.
Wenn Sie einen Norditaliener heiraten, können Sie dieses Kapitel überspringen.
Die Norditaliener haben nämlich keine Verwandten.
Außer der Mama, natürlich.

## Das soziale Leben

***Wenn Sie sich glücklich verheiraten und es ein Leben lang bleiben wollen, ist auch das soziale Leben wichtig.***

Trotzdem ist es häufig so, dass wir nach der Hochzeit alle unsere Freunde verlieren.

Das ist ganz natürlich: Schließlich sind sie alle Singles.

Und wir, als verheiratetes Paar, treffen uns nur noch mit verheirateten Paaren.

Ist doch logisch.

Aber der wahre Grund ist ein anderer.

Sie hat keine Veranlassung, Ihnen zu erlauben, sich weiterhin mit diesen vier Trunkenbolden zu treffen, die von Club zu Club ziehen, um paarungswillige Weibchen aufzureißen.

Und er hat keine Veranlassung, Ihnen zu erlauben, sich weiterhin mit diesen vier sexhungrigen Frauen zu treffen, die nichts anderes zu tun haben, als sich über Männer das Maul zu zerreißen, aus dem einfachen Grund, weil sie es selbst nicht schaffen, sich einen zu angeln.

Ein Trauerspiel.
Bis Sie Kinder auf die Welt bringen und sie in den Kindergarten bringen.
Also schließen Sie sich einer anderen, wie Sie frustrierten Mama an, die von der ewigen Abfolge Arbeit-Haushalt-Kind-Ehemann schon ganz verblödet ist.
Und werden von ihr zum Abendessen eingeladen.
Wo sie Ihnen vorführt, dass sie die selbstgemachte Pasta besser hinkriegt als Sie.
Und der Ehemann sich als Fußballfan outet.
Und das wär's dann.
Jedes Wochenende bis ans Lebensende Fußballgucken und selbstgemachte Pasta.
Daraus besteht Ihr soziales Leben.
Ein wahres Trauerspiel, aber unvermeidlich.
Wie Zähneputzen und Steuernzahlen.
Die Alternative ist ein Leben zu zweit bis ans Ende Ihrer Tage.
In totaler Isolation.
Der einzige Kontakt mit der Außenwelt ist das Fernsehen.
*Wer wird Millionär*.
Bis ans Ende Ihres Lebens.
Vielleicht sogar länger, denn *Wer wird Millionär* läuft sicher länger als ein ganzes Leben.
Jeden Abend Fernsehen.
Ein noch größeres Trauerspiel.
Sie sterben, ohne es überhaupt zu bemerken.

Und selbst wenn Sie tot sind, stehen Sie noch jeden Morgen um sieben auf und gehen zur Arbeit.
Und sehen abends fern.

# Die Arbeit

Auch die Arbeit ist wichtig, wenn Sie glücklich verheiratet sein und es ein Leben lang bleiben wollen.
Oder besser: Es ist wichtig, dass die Arbeit nicht so wichtig ist in einer glücklichen Ehe, die ein Leben lang hält.
Lassen Sie mich das erklären.

***Die Arbeit muss in der Ehe an zweiter Stelle stehen.***

Und:

***Wer sein Leben ganz der Arbeit widmet,
sollte nicht heiraten.***

Die Ehe ist eine ernste Sache.
Sie sollte nicht auf die leichte Schulter genommen werden.
Sie ist keine Teilzeit-Angelegenheit.
Entweder die Ehe oder die Arbeit.
Sie sind nicht miteinander kompatibel.

## *Wenn man sich ausschließlich seiner Arbeit widmet, führt das zum Scheitern der Ehe.*

Zahnärzte, die zwölf Stunden am Tag in ihrer Praxis verbringen, wo sie ihre Hände in die Mäuler anderer Leute stecken, um Geld aus ihnen rauszuholen, anstatt zu Hause Sex mit ihren Frauen zu haben.
Angestellte, die acht Stunden am Tag hinter einer Glasscheibe hocken und fieberhaft Haufen von Papier stempeln, anstatt mit ihren Kindern zu spielen.
Maklerinnen, die zehn Stunden am Tag wie von der Tarantel gestochen durch die Stadt hetzen, ohne auf die Idee zu kommen, mit ihrer Familie einen Ausflug aufs Land zu machen.
Soziale Emporkömmlinge, die um jeden Preis den Erfolg suchen.
Geldjäger, die bereit sind, für das Geschäft ihres Lebens alles zu opfern.
Sie sollten nicht heiraten.
Sie möchten erfolgreich sein?
Das ist ein völlig legitimer Wunsch.
Aber dann sollten Sie nicht heiraten.
Denn der Erfolg verlangt absolute Hingabe.
Und wenn Sie sich dem Erfolg widmen, können Sie sich nicht der Ehe widmen.
Der Familie.
Den Kindern.

Dem Partner.
Es ist dermaßen offensichtlich.
Und doch.
Und doch versteht es niemand.
Alle knien sich in ihre Arbeit.
Auch wenn sie verheiratet sind.
Vor allem, wenn sie verheiratet sind.
Aber wenn Sie verheiratet sind, sollte die Arbeit nur dazu dienen, Sie und Ihre Familie zu ernähren.
Sie sollte Ihnen natürlich auch Befriedigung verschaffen.
Sonst sind Sie glücklich verheiratet, aber unglücklich angestellt.
Und damit hat es sich dann auch.
Bilden Sie sich nicht ein, Sie würden eine fulminante, fantastische Karriere hinlegen, wenn Sie erst einmal verheiratet sind.
Denn dann machen Sie Überstunden, gehen auf Konferenzen, müssen reisen und Kunden treffen.
Und sind nie zu Hause.
Ihre Kinder, Ihre Frau sehen Sie nur am Wochenende.
Manchmal nicht einmal das.
Warum haben Sie dann geheiratet?
Wollen Sie Karriere machen?
Wollen Sie Erfolg haben?
Wollen Sie reich werden?
Klar, nur zu.
Aber heiraten Sie nicht.

Widmen Sie sich mit ganzem Einsatz Ihrer Karriere, dem Erfolg, dem Geldverdienen.
So haben Sie weder ein schlechtes Gewissen, noch müssen Sie sich fortwährend Vorwürfe machen lassen.
Und Sie werden auf Ihre Weise glücklich sein.
So einfach ist das.
Die Ehe hat Ihnen schließlich kein Arzt verordnet.
Ich weiß schon, dass man arbeiten muss, um leben zu können.
Und heutzutage in der Industriegesellschaft müssen sogar beide arbeiten, um gut leben zu können.
Aber was heißt das, »gut zu leben«?
Sich dem allgemeinen Konsumzwang hinzugeben?
Einen Fernseher mit LCD- oder Plasmabildschirm zu besitzen (besser mit LCD-Bildschirm)?
In jedem Zimmer einen Fernseher?
Ein Handy pro Kopf?
Zwei Familienautos?
Mitgliedschaft im Fitnessstudio und jedes Jahr Ferien für alle?
Süßigkeiten, Markenklamotten und Moderucksäcke?
Ist es das alles wert?
Was ist der Preis, den Sie dafür zahlen?
Dass Sie nicht mehr zusammenleben.
Dass Sie keine richtige Familie mehr sind.
Dass Sie nicht genug Zeit mit Ihren Kindern verbringen.
Dass Sie ihnen alles geben, und doch nichts.

Dass Sie unglückliche Kinder mit Markenschuhen aus ihnen machen.
Dass Sie auf den Dialog, die Leidenschaft, die Zärtlichkeit verzichten.
Dass Sie sich, bis Sie sterben, wie ein Hamster im Rad drehen, ohne überhaupt zu wissen, warum.
Dass Sie irre werden.
Und was ist die Alternative?
Weniger zu arbeiten.
Weniger zu verdienen.
Weniger Süßigkeiten und weniger Rucksäcke zu kaufen.
Ein Rucksack kann ein Leben lang halten, wenn man ihn gut behandelt.
Und Süßigkeiten machen dick.
Nur einen Fernseher für alle zu haben.
Und vielleicht gar kein Handy.
Wir sind fünf Millionen Jahre wunderbar ohne Mobiltelefone ausgekommen und nicht daran gestorben.
Weniger ins Fitnessstudio zu gehen, sondern lieber gemeinsame Spaziergänge oder Ausflüge aufs Land zu machen.
Allerdings entfernt man sich so von der Konvention.
Okay.
Wenn die Konvention darin besteht, unglückliche verheiratet zu sein und es ein Leben lang zu bleiben, dann rate ich Ihnen, sich von der Konvention zu entfernen.
Vielleicht lohnt es sich.

Vielleicht bekommen Sie etwas anderes dafür, anstelle von Karriere und Erfolg.
Sie verheiraten sich glücklich und bleiben es ein Leben lang.
Aber müssen Sie dafür auch auf das Geldverdienen verzichten?

# Geld

Dieses Kapitel wollte ich eigentlich nicht schreiben.

Aber ich musste es tun, weil in der Gesellschaft, in der wir leben, Geld zum Hauptthema geworden ist.

Und wenn das auch für meine Leser gilt, muss ich dieses Kapitel schreiben.

Wer sich allerdings wie ich nichts aus Geld macht, der kann es auch gerne überspringen.

Ich weiß schon, dass Sie mir jetzt gerne widersprechen würden.

Und etwas in der Art sagen, wie es an der Wand einer Kneipe in der Baie des Anges an der Côte d'Azur hängt, da, wo die berühmte Phalanstère von Le Corbusier steht.

»Es ist sicher richtig, dass Reichtum nicht glücklich macht. Aber wie sieht es dann erst mit der Armut aus!«

In meinem jüngsten Buch, *Wie Sie ein schönes, reiches Miststück werden*, habe ich gezeigt, wie Frauen einen reichen Mann verführen können, um an Geld zu kommen.

Aber das war ein Scherz.
Ich wollte ihnen nur beibringen, wie man sich ganz allgemein einen Mann angelt.
Den Trick mit dem Reichtum habe ich nur angewandt, um ihre Aufmerksamkeit zu gewinnen.
Denn die Frauen, alle Frauen, egal welcher Herkunft und Rasse, *interessieren sich für Geld*, wie man weiß.
Nicht aus Gier, natürlich, sondern aus dem Bedürfnis nach Sicherheit.
Aber eine Ehe aufgrund ökonomischer Überlegungen einzugehen ist unsinnig.
Denn jemand Reichen zu heiraten macht uns nicht automatisch glücklich.
Reichtum ist keine Zutat des Cocktails, der aus einer Ehe eine glückliche Ehe macht.

***Reichtum ist nicht nötig, um sich glücklich zu verheiraten und es ein Leben lang zu bleiben.***

Dennoch ist es nicht unüblich zu heiraten, um die eigene wirtschaftliche Situation zu verbessern.
Und es ist gar nicht originell.
Das wird seit Menschengedenken so gemacht.
Schon die Höhlenbewohnerinnen haben versucht, den Höhlenbewohner mit der größten Höhle und der größten Keule (auch im metaphorischen Sinne) zu heiraten.
Das muss nicht falsch sein.

Wenn Sie sie dreißig Jahre später gefragt hätten, hätten sie Ihnen gesagt, dass sie gut daran getan haben.
Zehn Jahre später vielleicht nicht, aber dreißig Jahre später ja.
Warum?
Weil eine Ehe, die aufgrund ökonomischer Überlegungen geschlossen wurde, eine Ehe ist, die von den *Alten* geschätzt wird.
Denn für alte Leute sind ökonomische Überlegungen die einzig entscheidenden.
Das ist der Grund, warum Ihre Eltern sich sehr freuen, wenn Sie einen Milliardär oder eine Milliardärin heiraten, egal, wie alt er oder sie ist.
Sie hoffen, selbst etwas davon abzubekommen.
Aber junge Leute sind nicht alt.
Die Alten werden schließlich nicht alt geboren, nein, normalerweise werden sie jung geboren.
Und bleiben leider oft jung, in dem Sinn, dass sie nicht erwachsen werden.
Für die Jungen spielen ökonomische Betrachtungen keine große Rolle.
Zwanzig, dreißig Jahre später bereuen sie das natürlich.
Aber dann ist es zu spät.
Wenn Sie einen armen Schlucker geheiratet haben, behalten Sie ihn.
Sie nicht, ich weiß.
Sie schauen nicht aufs Geld.

Sie suchen die *Liebe*.

»Und wenn er ein Glasauge und ein Holzbein hat – Hauptsache, er liebt mich sein Leben lang.«

Das ist das Evangelium der Frauen.

Und sie haben Recht.

Wenn man arm heiratet, hält man länger durch.

Die Armut schweißt die Menschen zusammen, weil sie ihnen ein gemeinsames Ziel gibt, für das sie kämpfen.

Bis sie reich sind.

Dann ist alles aus, wenn die wahren Bedingungen für eine glückliche Ehe nicht erfüllt sind.

Von denen wir ja schon gesprochen haben.

Dann sollte man lieber gleich reich heiraten.

Denn dann geht die Ehe sehr schnell in die Brüche, und man hat es hinter sich.

Außerdem gewinnt man dabei normalerweise sogar etwas.

Natürlich nur, wenn der *andere* der Wohlhabende ist.

Deshalb empfehle ich, einen reichen Mann zu heiraten.

Das Problem ist, dass die Reichen unerreichbar sind.

Wir regen uns darüber auf, dass es in Indien das Kastensystem gibt.

Dann versuchen Sie einmal, sich bei den Berlusconis einladen zu lassen.

Ich habe ihn schon häufig angerufen: Er war nie zu Hause.

Wir sind dazu verdammt, einen Angehörigen unserer eigenen ökonomischen Schicht zu heiraten.

Also unserer eigenen Kaste.

Natürlich gibt es Ausnahmen.
Aber die gelten meist nur für die Frauen.
Die Frauen haben eben immer mehr Glück.
Meine in dieser Hinsicht leider reichlich gemachte Erfahrung ist allerdings die, dass alles in allem ebenso viele reiche wie arme Ehen scheitern.
Also?
Also haben die romantischen Mädchen aller Zeiten Recht, die sagen: »Das Wichtigste ist, dass wir uns lieben.«
Dies behauptete auch ein Gast auf einem Hochzeitsfest in Neapel.
»Aber was denn, die Liebe! Ohne Geld ist alles das reine Elend und die Familie ruiniert!«, widersprach ein vornehmer, aber zynischer Herr.
»Soll das heißen«, gab der Romantiker zurück, »dass Geld Ihnen alles bedeutet? Sehen wir mal, wie weit Sie gehen würden. Würden Sie beispielsweise für eine Million alles für mich tun?«
»Entschuldigen Sie«, antwortete der andere interessiert. »Aber haben Sie diese Million wirklich?«

# Die Wahl

Sich glücklich zu verheiraten und es ein Leben lang zu bleiben setzt *eine Wahl* voraus.
Wessen?
Die Wahl eines Partners, natürlich.
Denn ja, die Ehe wird dann glücklich, wenn der Partner der Richtige ist.
Der Richtige für Sie, natürlich.
Für einen anderen wäre er vielleicht ein Desaster.
Aber für Sie ist er die *verwandte Seele*.
Eine glückliche Ehe ist tatsächlich eine Art Fügung.
Manche sagen, sie ist wie ein Sechser im Lotto, aber das ist nicht wahr.
Ein Sechser im Lotto ist leichter zu haben.
Die glückliche Ehe ist eine Fügung.
Das Sichineinanderfügen zweier Puzzleteile.
Jetzt denken Sie, dass das Puzzle aus Millionen von Teilen besteht und Sie unter diesen Millionen von Teilen das eine richtige herausfinden müssen.

Dass das schwieriger ist, als die Nadel im Heuhaufen zu finden.
So gut wie unmöglich.
Nein.
Verzweifeln Sie nicht, so ist es nicht.
Beruhigen Sie sich, es ist einfacher.
Es gibt nicht nur *ein* passendes Puzzleteil.
Es gibt viele.
Viele Puzzleteile passen zu Ihnen.
Das erspart Ihnen natürlich nicht die Suche.
Vergessen Sie nicht: Egal, wie katastrophal eine Frau sein mag, irgendwo auf der Welt gibt es einen Mann, der sie auf Händen tragen wird.
Das Problem ist, ihn zu finden.
Dasselbe gilt natürlich für die Männer.
Aber die Wirklichkeit sieht nicht so tragisch aus.
Manchmal lebt die verwandte Seele im Haus nebenan.
Fangen Sie ruhig da an.
Normalerweise sehen wir uns sonstwo um, nur nicht im Haus nebenan.
Das Wichtigste ist, sich nicht dem Erstbesten an den Hals zu werfen, der sich lächelnd dazu bereit erklärt, Ihnen sein ganzes Leben zu widmen.
Misstrauen Sie Leuten, die Ihnen ihr ganzes Leben widmen wollen.
Normalerweise lügen sie.

In Wirklichkeit sind es nämlich sie, die von Ihnen erwarten, dass Sie ihnen Ihr ganzes Leben widmen.

Aber wie soll man seine Wahl dann treffen?

Ich erinnere mich an einen Film, in dem ein nützlicher Hinweis gegeben wurde.[16]

Wenn er aus dem Auto steigt, um Ihnen die Tür aufzuhalten, dann ist er der Richtige.

Natürlich ging es um einen Mann. Es wurde noch keine Frau gesichtet, die aus dem Auto gestiegen wäre, um einem Mann die Tür aufzuhalten.

Meiner Meinung nach ist der Hinweis nicht schlecht.

Er hat nur einen Haken.

Er gilt nur, wenn sich das Phänomen länger als fünfzig Jahre lang wiederholt.

---

16 Wie ich es in meinen Büchern immer mache, ist auch in diesem ein *Preisausschreiben* enthalten. Wer herausfindet, um welchen Film es sich handelt, gewinnt eine Fahrt auf meiner Yacht, die im Porto Antico von Genua liegt. Da der Hinweis sich an Frauen richtet, dürfen natürlich auch nur Frauen teilnehmen. Um mitzumachen, reicht eine E-Mail an meine vorne im Buch (S. 4) angegebene Internetadresse. Abgesehen von einigen notwendigen Zitatangaben (und ein paar Anmerkungen der Übersetzerin) ist dies die einzige Fußnote in diesem Buch. Damit stelle ich die Leser zufrieden, die sich wegen meiner vielen Fußnoten beschwert haben. Von meinem ersten Buch *(Wie Sie Ihre Hirnwichserei abstellen und stattdessen das Leben genießen,* Arkana 2005) bis zu diesem habe ich es tatsächlich von neunzig heruntergeschafft auf eine (oder 16, wenn Sie die Zitatangaben und Übersetzerhinweise unbedingt mitzählen wollen). Und dann sagen mir die Frauen, ich werde mich nie ändern! Auch der Schwierigkeitsgrad der Frage ist gestiegen. Auf diese Weise stelle ich meine Leserinnen zufrieden, die mir vorgeworfen haben, meine Preisausschreiben seien Ausreden, um sie kennenzulernen. Was voll und ganz der Wahrheit entspricht.

Wenn es sich nur in der Zeit vor der Hochzeit zeigt, ist es keinen Deut wert.
Wenn es sich nur in der Zeit vor dem *Vollzug* zeigt, Hochzeit hin oder her, ist es ein wahres Trauerspiel.
Und da wir alle nicht im Besitz einer Kristallkugel sind, hilft uns dieser Hinweis nicht wirklich weiter.
Also?
Also haben wir keine andere Wahl, als uns der *Astrologie* zu bedienen.
Weil sie dasjenige ist, was einer Kristallkugel noch am nächsten kommt.

# Astrologie

Als guter Steinbock glaube ich nicht an Astrologie.
Was ich aber nicht verstehe, ist, *warum* sie funktioniert, obgleich unser heutiger Kalender nicht mehr derselbe ist wie zu ihrer Entstehungszeit.
Also seit der assyrisch-babylonischen Ära.
Aber das sind akademische Spitzfindigkeiten.
Wichtig ist, dass die Astrologie funktioniert und uns helfen kann, den idealen Partner zu finden.
Wenn man an Astrologie glaubt, könnte man jedenfalls meinen, den richtigen Partner zu finden sei eine Bagatelle.
Im Sinne von einfach, nicht in dem Sinne, dass man es besser bleiben lassen sollte.
Also, die Sache sieht folgendermaßen aus:

## Astrologische Kompatibilitäten

**Widder**
Jaaaa: Löwe, Schütze

Ja: Zwillinge, Wassermann
Mmmhh: Krebs, Steinbock
Nein: Waage

**Stier**
Jaaaa: Jungfrau, Steinbock
Ja: Krebs, Fische
Mmmhh: Löwe, Wassermann
Nein: Skorpion

**Zwillinge**
Jaaaa: Waage, Wassermann
Ja: Löwe, Widder
Mmmhh: Jungfrau, Fische
Nein: Schütze

**Krebs**
Jaaaa: Skorpion, Fische
Ja: Jungfrau, Stier
Mmmhh: Waage, Widder
Nein: Steinbock

**Löwe**
Jaaaa: Schütze, Widder
Ja: Waage, Zwillinge
Mmmhh: Skorpion, Stier
Nein: Wassermann

**Jungfrau**
Jaaaa: Steinbock, Stier
Ja: Skorpion, Krebs
Mmmhh: Schütze, Zwillinge
Nein: Fische

**Waage**
Jaaaa: Wassermann, Zwillinge
Ja: Schütze, Löwe
Mmmhh: Steinbock, Krebs
Nein: Widder

**Skorpion**
Jaaaa: Fische, Krebs
Ja: Steinbock, Jungfrau
Mmmhh: Waage, Löwe
Nein: Stier

**Schütze**
Jaaa: Widder, Löwe
Ja: Wassermann, Waage
Mmmhh: Fische, Jungfrau
Nein: Zwillinge

**Steinbock**
Jaaaa: Stier, Jungfrau
Ja: Fische, Skorpion

Mmmhh: Widder, Waage
Nein: Krebs

**Wassermann**
Jaaaa: Zwillinge, Waage
Ja: Widder, Schütze
Mmmhh: Stier, Skorpion
Nein: Löwe

**Fische**
Jaaaa: Krebs, Skorpion
Ja: Stier, Steinbock
Mmmhh: Zwillinge, Schütze
Nein: Jungfrau

*Jaaaa* bedeutet: Sie schätzen sich, sind in Harmonie, lassen einander zur Geltung kommen.
*Ja* bedeutet: Sie verstehen sich, sie können sich aufeinander verlassen, sind Komplizen.
*Mmmhh* bedeutet: Sie ignorieren sich, gehen sich aus dem Weg, oder sie kommen aus der Deckung und passen sich einander an. Aber mit Mühe.
*Nein* bedeutet: Sie lehnen einander ab und streiten sich oft; aber sie können sich auch gegenseitig anziehen und einer in dem anderen verschmelzen. Doch das ist riskant, und man sollte es besser vermeiden. Es sei denn, Sie haben wie ich den Skorpion im Aszendenten und mögen das Risiko.

Ich habe Sie jedenfalls gewarnt. Wenn es schiefgeht, sind Sie selber schuld.

Dies hier ist nur eine grobe Richtlinie, die ich der Zeitung entnommen habe. Sie hat nur den einen Zweck, Sie nicht an Büchern verzweifeln zu lassen, die zwar detaillierter, aber auch komplizierter sind.

Wenn Sie ein Haarspalter sind (dann sind Sie wahrscheinlich Jungfrau), können Sie das Thema wissenschaftlich vertiefen, indem Sie sich an eins dieser Bücher wagen, die zwei Kilo und mehr wiegen.

Ich habe diese Hinweise nicht befolgt und bin auf die Nase gefallen.

Und das ist, ehrlich gesagt, auch der Grund, warum ich sage, dass die Astrologie funktioniert.

Der einzige.